la mujer
que se da por
Vencida

Publicado por
Editorial Unilit
Miami, Fl. 33172
Derechos reservados

© 2005 Editorial Unilit (Spanish translation)
Primera edición 2005
Primera edición 2011 (Serie Favoritos)

© 2004 por Alice Gray y Dr. Steve Stephens
Originalmente publicado en inglés con el título:
Walk Out Woman, The por Dr. Steve Stephens y Alice Gray.
Publicado por *Multnomah Books*, un sello de
The Crown Publishing Group, una división de Random House, Inc.,
12265 Oracle Boulevard, Suite 200, Colorado Springs, CO 80921 USA
Publicado en español con permiso de Multnomah Books, un sello de
The Crown Publishing Group, una división de Random House, Inc.
(This translation published by arrangement with Multnomah Books, an imprint of *The Crown Publishing Group*, a division of Random House, Inc.)

Todos los derechos de publicación con excepción del idioma inglés son contratados exclusivamente por GLINT, P O Box 4060, Ontario, California 91761-1003, USA.
(All non-English rights are contracted through: Gospel Literature International, P O Box 4060, Ontario, CA 91761-1003, USA.)

Reservados todos los derechos. Ninguna porción ni parte de esta obra se puede reproducir, ni guardar en un sistema de almacenamiento de información, ni transmitir en ninguna forma por ningún medio (electrónico, mecánico, de fotocopias, grabación, etc.) sin el permiso previo de los editores, excepto en el caso de breves citas contenidas en artículos importantes o reseñas.

Traducción: Adriana E. Tessore de Firpi
Diseño de la portada: Ximena Urra
Fotografías de la portada: © 2011 Stefanie Mohr Photography, Shpak Anton, Nagy Melinda. Usadas con permiso de Shutterstock.com.

A menos que se indique lo contrario, las citas bíblicas se tomaron de la Santa Biblia, *Nueva Versión Internacional*. © 1999 por la Sociedad Bíblica Internacional
Las citas bíblicas señaladas con LBLA se tomaron de la Santa Biblia, *La Biblia de Las Américas*. © 1986 por The Lockman Foundation.
Las citas bíblicas señaladas con RV-95 se tomaron de la Santa Biblia, *Reina-Valera 1995*. © 1998 por las Sociedades Bíblicas Unidas.
Usadas con permiso.

Producto 496938
ISBN 0-7899-2019-0
ISBN 978-0-7899-2019-5

Impreso en Colombia
Printed in Colombia

Categoría: Vida cristiana /Vida práctica /Mujeres
Category: Christian Living /Practical Life /Women

«Ya sea que te encuentres en medio de un agotamiento marital o sencillamente en busca de un nuevo comienzo para unas relaciones extenuadas, *La mujer que se da por vencida* es para ti. Reirás, llorarás, pero sobre todo te asombrarás por la renovada inyección de esperanza que Alice Gray y Steve Stephens ofrecen en las páginas de este encantador y práctico libro. Lo recomiendo de manera rotunda».

CONNIE GRIGSBY
COAUTORA CON NANCY COBB
THE POLITICAL INCORRECT WIFE Y *HOW TO GET YOUR HUSBAND TO TALK TO YOU*

«Opino que Alice y Steve escribieron con un enorme discernimiento y gran sabiduría. Su forma de tratar el tema, práctica y no sentenciosa hace que la lectora sienta que está escritorio de por medio, y que es amablemente conducida a un sitio de esperanza y verdad. Recomiendo este libro de todo corazón para personas en cualquier etapa del matrimonio».

JENNIFER ROTHSCHILD
autora de *Lessons I Learned in the Dark* y *Touched By His Unseen Hand*

«Toda mujer ansía descansar en el Señor y aprender a amar. Antes de darte por vencida, lee este libro: una nueva vida puede estar a un capítulo de distancia. ¡Felicitaciones a Alice Gray y a Steve Stephens por tratar un tema de tanta actualidad!»

KAREN KINGSBURY
AUTORA DE LOS ÉXITOS DE VENTA *OCEAN APART* Y LAS SERIES *REDEMPTION*

«De lectura obligada para que toda pareja proteja su matrimonio del síndrome "mujer que se da por vencida"».

DR. GARY Y BARBARA ROSBERG
COPRESENTADORES DE AFCLIVE!, ESCRITORES, ORADORES Y
FUNDADORES DEL MINISTERIO *AMERICA'S FAMILY COACHES*

«Creo que este es uno de los libros más importantes que haya sido escrito para las mujeres. El doctor Steve Stephens y Alice Gray identifican con habilidad los problemas que las mujeres enfrentan en el matrimonio. Y, lo más importante, brindan una perspectiva brillante y sabiduría piadosa para ayudar a que las mujeres cambien su conducta. ¡Es un libro imprescindible!»

NANCY COBB
COAUTORA CON CONNIE GRIGSBY
THE POLITICAL INCORRECT WIFE Y *HOW TO GET YOUR HUSBAND TO TALK TO YOU*

«*La mujer que se da por vencida* es un libro práctico, sincero y realista. Si alguna vez te sientes tentada a marcharte, descubrirás en *La mujer que se da por vencida* una guía valiosísima y una amiga que te ofrece esperanza, sanidad y una corrección amable».

GARY THOMAS
AUTOR DE *SACRED MARRIAGE* Y *SACRED PARENTING*

«Por fin una ayuda para el creciente número de mujeres que sufren en secreto porque ansían un matrimonio viable. El doctor Steve Stephens y Alice Gray analizan con seriedad este doloroso tema con la delicadeza de amigos que aman, y brindan la orientación y la esperanza que tanto se necesita. *La mujer que se da por vencida* ayudará a que las mujeres vivan a la altura de los compromisos que han asumido y que ansían cumplir».

GEORGENE RICE
RADIO KPDQ, PORTLAND

«*La mujer que se da por vencida* del doctor Steve Stephens y Alice Gray le brindarán una canasta llena de ideas a cualquier hombre que desee amar a su esposa con mayor intensidad, y a cualquier mujer que anhela que la amen de esa manera. Es un libro lleno de ilustraciones divertidas y esclarecedoras, de sabiduría profunda y perspicaz, y de ideas creativas sobre cómo hacer que el matrimonio sea mucho mejor. Lo recomiendo».

NEIL CLARK WARREN
PSICÓLOGO Y FUNDADOR DE *eHARMONY.COM*

«¿Qué puede hacer una esposa cuando su matrimonio agoniza? Steve y Alice brindan sugerencias concretas, prácticas y teológicamente correctas a las mujeres que andan en busca de esperanza. Es un libro de "ayuda" que en realidad ayuda».

DR. GERRY BRESHEARS
PROFESOR DE TEOLOGÍA DEL WESTERN SEMINARY

«Estas páginas son una conversación cálida y sincera con personas que comprenden de veras lo que es sufrir en el matrimonio. Si estás pasando por eso y no sabes qué hacer en cuanto a tu futuro, te recomiendo este libro de todo corazón».

HEATHER KOPP
COAUTORA DE *BECAUSE I SAID FOREVER*

Dr. Steve **Stephens** y Alice **Gray**

la mujer
que se da por
Vencida

Cuando tu corazón está
vacío y pierdes tus sueños

A las mujeres cuyos corazones se sienten vacíos pero que todavía son lo suficiente sensibles para leer este libro.

Contenido

Notas al lector 10
Una sentida nota de agradecimiento… 11
Prólogo: Manteles de lino a la luz de las velas 13
Capítulo 1. ¿Qué sucede? 23
Capítulo 2. Sueños perdidos 37
Capítulo 3. Él no lo entiende 49
Capítulo 4. ¿Qué pasó con los buenos tiempos? 61
Capítulo 5. Cuidemos el tanteador 71
Capítulo 6. Lo negativo del divorcio 81
Capítulo 7. Es tan doloroso… 91
Capítulo 8. Estoy tan enojada que podría… 107
Capítulo 9. Esta dama está deprimida 117
Capítulo 10. Tipos de murallas 131
Capítulo 11. Hablemos 145
Capítulo 12. Reconexión 159
Capítulo 13. Cuídate 173
Capítulo 14. La fantasía de algo mejor 189
Capítulo 15. ¿Acaso Dios no quiere que yo sea feliz? . . . 203
Capítulo 16. El juego de «¿Y si…?» 213
Capítulo 17. Sueña nuevos sueños 223
Codo a codo: Una guía para realizar encuentros 231
Lecturas recomendadas 255
Notas 259

Nota

En este libro hemos usado muchas historias verídicas. Salvo los casos en que obtuvimos el permiso expreso de las mujeres involucradas, hemos cambiado los nombres y modificado las circunstancias para proteger la privacidad.

Una sentida nota de agradecimiento...

A nuestros amigos
Anita Crowther, Carol Clifton, Keely Hannon,
Karen Jamison, Nancy Meer y Marty Williams.

*Apreciamos sus valiosos aportes
y reflexivas sugerencias.*

A las mujeres que respondieron a nuestra encuesta.

Sus respuestas sinceras nos impactaron.

A nuestra correctora de estilo, Anne Christian Buchanan.

*Cuando afirmamos que eres más
que maravillosa, no exageramos.*

A Tami Stephens y Al Gray.

*Ustedes nos dan regalos cotidianos
de amor, aliento y oración.*

A nuestro Señor y Salvador Jesucristo.

*Por sobre todas las cosas, nuestra oración
es que te agrade lo que hemos escrito.*

Prólogo

Manteles de lino a la luz de las velas

Amar a alguien es aprender la canción que está en el corazón de esa persona y cantársela cuando ella ya la ha olvidado.

AUTOR DESCONOCIDO

era una velada maravillosa, uno de esos acontecimientos elegantes tan especiales en que aun los hombres dedican un poco más de tiempo para prepararse. Las mujeres estaban bellas y radiantes con sus mejores galas y los hombres se destacaban con sus trajes y corbatas. La música suave se entremezclaba con las risas y las conversaciones mientras las luces de las velas, las flores y la fina porcelana sobre los manteles de lino creaban un ambiente romántico.

Se trataba de una cena de enamorados para parejas de todas las edades (desde recién casados hasta matrimonios en sus bodas de plata). A mí (habla Steve) me habían solicitado que fuera el orador de aquella noche.

Me invitaron a subir al estrado mientras los invitados seguían enfrascados en animadas conversaciones y disfrutaban de deliciosos postres. Por un momento me pregunté si me sería difícil captar su atención. Sin embargo, apenas mencioné el tema,

«¿Sabe tu esposa que la amas?», se produjo un silencio inmediato en la sala. Las parejas se concentraron y bebieron cada una de mis palabras.

Al menos las *mujeres* no se perdían ni una palabra.

Cuando comencé a explicar los sueños y los anhelos que una mujer tiene en cuanto al matrimonio y cuán a menudo se siente herida o desilusionada cuando esos anhelos no se alcanzan, prácticamente todas las mujeres de la sala asintieron con la cabeza. Y al mismo tiempo la mayoría de los hombres manifestaron indiferencia o se mostraron escépticos hacia lo que yo decía. El mensaje que transmitían sus rostros era claro: *Esto no tiene nada que ver conmigo*. Apenas si logré contener mi impulso de saltar de la plataforma, hacer contacto visual con cada uno de ellos y decirles: «Mejor será que escuches esto. Si no lo haces, tu matrimonio podría estar en serios problemas y tú ni siquiera enterarte».

Al finalizar mi charla, se les invitó a quedarse conversando un tiempo más. Noté que las mujeres de inmediato iniciaron conversaciones animadas con las otras damas de la mesa. Al rato, muchas de ellas se levantaron y vinieron hasta donde yo estaba para darme las gracias personalmente por lo que había expresado. Otras me llevaron aparte para susurrar comentarios como:

«Mi marido no me tiene en cuenta».

«Me siento morir interiormente y no sé qué hacer».

«Si permanezco con mi marido es por mis hijos».

«Esperaba otra cosa de mi matrimonio».

«Él ya no es el mismo que cuando estábamos de novios».

«He llegado al punto en que creo que ya no vale la pena el esfuerzo».

«Creo que Dios no desea que yo sea tan desdichada».

En mi oficina de consejero con frecuencia escucho comentarios como estos por parte de mujeres que los expresan con el rostro bañado en lágrimas. En esta velada en particular, me tomó por sorpresa la cantidad de mujeres cuyo dolor era tan intenso que se arriesgaron a expresar su angustia en un sitio público y en un evento dedicado a celebrar el amor en el matrimonio. Lo que me causó mayor estupor fue que a este encuentro habían asistido parejas de cristianos consagrados, muchos de los cuales eran líderes en sus iglesias. Entre todos los grupos, uno creería que estas parejas eran las que tenían mayor potencial para disfrutar de matrimonios fantásticos. Sin embargo, la sorprendente respuesta que recibí por parte de las esposas indicaba que eran matrimonios en graves problemas.

Antes de que finalizara el encuentro, busqué la oportunidad de hablar con algunos de los hombres. «¿Cómo marcha su matrimonio?», les preguntaba sencillamente. Para un hombre, la respuesta podía resumirse en dos palabras: «Todo bien».

Mientras conducía de regreso a casa aquella noche, cavilaba en las respuestas contrastantes que había obtenido de las mujeres y de los hombres. Sabía que una cena era el peor lugar para obtener una respuesta sincera de los hombres. También sé que las mujeres prestan atención al pulso de sus relaciones con mayor naturalidad, mientras que los hombres son por lo general más lentos en reconocer los problemas. Sin embargo, no podía dejar de percibir que lo que había observado aquella noche indicaba algo más profundo.

Si bien siempre he sentido una profunda preocupación por los matrimonios en problemas, esa noche mi preocupación se acrecentó. Tantas mujeres se sentían heridas y sin esperanzas mientras sus maridos ni siquiera eran conscientes del dolor de ellas. Y mi experiencia como consejero me dice que si se pasa por alto el descontento y la desilusión, estos tienen el potencial de destruir todo el gozo y la felicidad de la que alguna vez gozaron como matrimonio.

Desearía poder decir que no es así. No obstante, cinco años después de aquel banquete para enamorados, ya había aconsejado a siete de los hombres que asistieron. Acudieron a mi oficina y me contaron con lágrimas en los ojos que la esposa que amaban con tanta ternura, aquella por la que harían cualquier cosa, los había abandonado.

Algunas se habían ido enojadas y otras lo habían hecho con calma.

Algunas habían dado una larga explicación y otras se habían negado a hablar.

Todas afirmaron que era demasiado tarde para que sus maridos hicieran algo para recuperarlas.

¿Estás lista para irte?

Si te identificas con esta historia aunque sea un poco, este libro es para ti. A decir verdad, es para ti si eres una mujer como las que me encontré en la cena de enamorados: cansada, sola, enojada, desilusionada, harta y quizá a punto de renunciar a tu matrimonio. Como eres la más consciente del problema, por eso dirigimos este libro específicamente a ti. Sin embargo, tenemos la esperanza de que también pueda ser de ayuda a los esposos desconcertados por la aparente desdicha de sus esposas, o quizá también para amigos o familiares que desean ayudar.

A mi coautora, Alice Gray, y a mí nos apasiona este tema porque hemos observado una epidemia que va en aumento de mujeres que se dan por vencidas y se separan. Creemos que esta tendencia puede revertirse, ¡y *debe* revertirse! Deseamos con ferviente anhelo que comprendas el riesgo de descuidar tu matrimonio; pero sobre todo, queremos que te des cuenta que siempre hay esperanza aun cuando parezca que el matrimonio está terminado. Incluso cuando estés a punto de darte por vencida.

Si una vez se ganaron el corazón el uno del otro, pueden volver a hacerlo. Con un plan, perseverancia y oración, sabemos que puedes tener un matrimonio con amor que permanece.

> *¿Puede ser que el anillo matrimonial, como sucede con otras cosas, sea más precioso cuando presenta marcas?*
>
> RUTH BELL GRAHAM[1]

Antes de comenzar, quizá quieras enterarte quiénes somos. Alice Gray y yo hemos formado un equipo en varios libros (el más reciente fue *La mujer agotada*. Somos un equipo bastante especial porque vivimos en estados diferentes de los Estados Unidos y la mayor parte del trabajo lo realizamos por teléfono. Durante los últimos diez meses hemos estado en contacto con más de sesenta mujeres que abandonaron a sus maridos o al menos están pensando hacerlo. Por eso, podemos aportar historias de la vida real a cada capítulo. A veces yo proveo el material y luego Alice lo reelabora y agrega su toque personal. Un grupo de seis mujeres de distintos trasfondos leyeron el manuscrito preliminar y nos aportaron sugerencias y comentarios vitales. Además, contamos con una correctora extraordinaria, Anne Christian Buchanan, que se ocupó de completar los huecos que quedaban. Afirmar que el libro es mejor por su aporte es quedarnos tremendamente cortos.

Mi experiencia en cuanto al tema del matrimonio proviene de más de dos décadas de exitosa consejería de parejas como terapeuta familiar y matrimonial. También he tenido una amplia variedad de oportunidades para dar charlas y escribí otros tres libros sobre el matrimonio, entre ellos: *20 Surprisingly Simple Rules and Tools for a Great Marriage*. Tami y yo acabamos de cumplir nuestro vigésimo aniversario de casados y a través de los años hemos puesto en práctica muchos de los principios enunciados en este libro en el crisol de nuestras relaciones. Tami bien puede atestiguar que incluso un psicólogo familiar puede ser a veces un hombre que no tiene ni idea, un incompetente. Sin embargo, aun un incompetente puede aprender y transformarse en un marido amoroso.

Alice brinda el valioso punto de vista de una mujer cristiana madura que tiene un corazón atento a los temas femeninos. Es una conferencista muy conocida y respetada, y uno de sus talleres más requeridos es acerca de los tesoros del matrimonio. Durante muchos años Alice ha prestado oído además de aconsejar a mujeres con problemas matrimoniales. Y también ha puesto en práctica estos principios en sus treinta y siete años de casada con Al.

Deseamos sinceramente que los matrimonios lean juntos este libro. Nuestra experiencia nos indica que esto puede no suceder, al menos no al principio. Como las mujeres son las más sensibles a las señales de problemas en el matrimonio, reconocemos que ustedes serán nuestras primeras lectoras; por eso este libro está en principio dirigido a ustedes. Rogamos a Dios que puedas reconocer los síntomas y los peligros de convertirte en una mujer que se da por vencida para que te des cuenta que no es un pasaje a la felicidad. Abrir de nuevo tu corazón a tu matrimonio es, por cierto, un riesgo, pero creemos que es un riesgo que vale la pena.

Queremos ayudarte a comprender mejor a tu marido y mostrarte algunas formas en que puedes animarlo a que preste atención a tus heridas y enojo. Deseamos ayudarte a comprenderte mejor a ti misma, cómo comenzaste a «llevar la cuenta» y construiste una muralla alrededor de tu corazón. Hablaremos de expectativas realistas e irreales y los peligros de comenzar a fantasear con otro. Te daremos estrategias para cuidar de ti misma, conectarte nuevamente con tu esposo, resolver los conflictos, manejar el enojo y la pérdida, recordar los buenos tiempos y acercarte al Señor.

Si eres un esposo, elogiamos tu valor de haber tomado este libro y te prometemos que no se trata de una crítica a los hombres. Somos plenamente conscientes de que para la mente masculina, las mujeres pueden llegar a ser infinitamente complejas y desconcertantes. Sabemos que a veces sientes que no haces nada bien. Pedimos a Dios que este libro te ayude a comprender un poco mejor las necesidades de tu esposa y te muestre las maneras en que puedes cubrir sus necesidades con el poder de un amor sin egoísmos.

Deseamos que luches por tu matrimonio y queremos asegurarte que la pareja puede volver a desarrollarse aunque parezca que los sueños se han perdido. Hay cosas específicas que puedes hacer para sacarle brillo a tus sueños. Tu matrimonio jamás será perfecto (ninguna relación lo es), pero puede ser profundamente gratificante. En nuestro trabajo así como en nuestros matrimonios hemos descubierto métodos probados para acercarnos en vez de alejarnos, para construir en vez de destruir, para encontrar amor en vez de perderlo.

En cualquier matrimonio es vital que recuerden que lo que parece ser el fin puede ser un nuevo comienzo. La pérdida de la pasión no es equivalente a la pérdida del amor. La pérdida del amor no es equivalente a la pérdida de las esperanzas. Perder las esperanzas no significa que uno deba abandonar una relación.

Cuando recién se inician los conflictos, la esperanza es fuerte y se recupera; pero poco a poco se torna frágil y parece quebrarse. Sin embargo, aun cuando la esperanza parezca perdida, siempre queda un débil hilo. Rogamos a Dios que puedas hallar esa hebra dorada y la sujetes con fuerza, porque su poderoso encanto podrá ayudarte a encontrar el camino para ser uno nuevamente.

Algo para que lo intentes

Elige solo una de estas cosas...

- Revisa la lista de la página 14. ¿Cuál de esos comentarios expresan con mayor exactitud la manera en que te sientes en este momento? ¿Hay algo que te gustaría agregar?

- Cómo crees que tu marido respondería a la pregunta: «¿Sabe tu esposa que la amas?». ¿Cuáles serían las razones de su respuesta?

- ¿Qué hilito de esperanza en tu matrimonio te mantiene unida a lo que tienes? ¿Qué podrías hacer para fortalecer esa hebra?

- Busca una cinta dorada bella y colócala en tu Biblia o en un lugar visible. Cada vez que la veas, úsala como recordatorio de que con Dios siempre hay esperanzas.

Capítulo 1

¿Qué sucede?

*Eres mi otra mitad
y yo soy tu otra mitad.
Trabajaremos juntos y unidos
sin darnos por vencidos jamás.*

Ruth Harms Calkin[1]

era evidente que Erica estaba incómoda. Por lo general, disfrutaba de sentarse con los pies debajo mientras se recostaba en la silla y saboreaba un delicioso café moca. Sin embargo ese día Erica estaba sentada rígida, con los brazos cruzados, sin prestar atención a la bebida y miraba con resentimiento por la ventana mientras pensaba en mi pregunta.

Por fin me miró y con un hondo suspiro me dijo: «Bien, quieres saber qué sucede entre Jack y yo. Bueno… esto es lo que sucede: cada vez que lo miro o siquiera pienso en él, siento náuseas. Él es soso y aburrido, y nunca quiere hacer otra cosa que no sea ir a trabajar, salir con sus amigos o mirar televisión. Tengo que rogarle para que haga algo en la casa y siempre discutimos acerca de los niños. La única vez que me dirige la palabra es cuando quiere que tengamos relaciones sexuales, y espera que yo esté dispuesta en el preciso momento en que él desea meterse a la cama».

Erica acudió al conocido consuelo de su café moca antes de proseguir. «No tengo idea de cómo llegamos a esto, pero me siento sola… Dios mío, estoy tan sola». Se le quebró la voz y aparecieron las lágrimas.

Conozco (habla Alice) a Erica desde hace mucho tiempo. Nos conocíamos de vista y habíamos compartido alguna que otra actividad con nuestros maridos; pero hasta que ella me llamó y solicitó ayuda no tenía idea de que el matrimonio de Erica estuviera en problemas. Pasamos la mayor parte de aquella tarde comentando los duros cuestionamientos que la atormentaban: «¿Crees que alguna vez nos hemos amado *de verdad*? ¿Quién está equivocado, él o yo? ¿Qué fue de los buenos momentos? Aunque tengo ganas de tirarlo todo por la borda, ¿existe alguna esperanza para nuestro matrimonio?».

Frente a la verdad

Esta clase de interrogantes son dolorosos y, si eres como la mayoría de las mujeres, tratas por todos los medios de evitarlos. Deseabas un matrimonio maravilloso, lleno de un amor profundo y duradero. De modo que en vez de ser completamente sincera, durante mucho tiempo trataste de obviar los problemas haciéndote de cuenta que todo estaba bien. Quizá pensaste: *No puedo lidiar con esto ahora con todas las cosas que tengo entre manos.* A lo mejor pensaste que si minimizabas tus sentimientos de dolor y desilusión, estos se irían.

Sin embargo, la verdad es que es muy raro que los problemas en las relaciones se arreglen solos. Por lo general, cuanto más difieres el reconocimiento de lo que en verdad sucede, más crece el descontento y más se profundiza el dolor que deseabas evitar. No ocuparse de los problemas maritales es como no prestar atención a los yuyos o la maleza del jardín. Cuando uno los pasa por alto, asfixian todo lo bello y lo bueno y lo dejan con el mismo interrogante de Erica: «¿Habrá alguna esperanza?».

Es probable que sepas que la importancia de que marido y mujer conversen de vez en cuando acerca de la vitalidad de su matrimonio para descubrir lo que cada uno está (o no está) haciendo y que hace que el otro se sienta herido o desanimado. Sin embargo, también puedes hallarte en la situación de no saber cómo iniciar esa conversación o quizá creas que tu cónyuge jamás participaría en esa charla. Es más, la falta de esa comunicación puede ser parte de tu dolor y frustración en el matrimonio. De manera que te sugerimos que comiences por otro lado: comienza con una autoevaluación sincera.

Así como es importante que una pareja converse sinceramente acerca de sus relaciones, es igualmente importante que tú como mujer analices por tu parte tus sentimientos y pensamientos. Tienes que saber si te estás *acercando* a tu marido, *alejándote* de él u *oponiéndote* a él.

Estudia tus síntomas

La lista de la página siguiente contiene veinte pensamientos, sentimientos y acciones que te ayudarán a calcular si estás o no en peligro de convertirte en una mujer que se da por vencida.

Te animamos a que respondas con la mayor sinceridad y que marques los síntomas que has experimentado durante los meses pasados. Si el síntoma se da con frecuencia, coloca dos marcas.

Ten en cuenta que algunos de estos síntomas pueden ser causados por otras circunstancias ajenas a tus relaciones matrimoniales, como la muerte de un miembro de la familia, una mudanza a otra ciudad, problemas financieros, problemas de salud, la partida de los hijos, nuevos desafíos o alguna otra cosa. Por supuesto, si esto es así, necesitarás revisar tus respuestas. Sin embargo, ten cuidado con la tendencia a racionalizar o explicar tu infelicidad. Si en realidad piensas que determinado síntoma se debe a tu relación matrimonial, márcalo.

¿Estás al borde de darte por vencida?

Marca todos los síntomas que hayas experimentado de manera rutinaria durante los últimos meses.

- ❏ Irritación con tu marido sobre asuntos triviales
- ❏ Aburrimiento o ansias de algo nuevo y excitante
- ❏ Fuerte deseo de escapar y abandonarlo todo
- ❏ Pérdida de energías, cansancio y agotamiento
- ❏ Andar por la casa malhumorada o retraída
- ❏ Protestar porque el marido pasa mucho tiempo trabajando o viendo la televisión
- ❏ Deseos de iniciar una carrera, cambiar de empleo, estudiar o mudarte a una casa nueva

- Sentir que la mayoría de las charlas con tu marido son superficiales, vacías o cargadas de ira
- Pérdida de deseo sexual por tu esposo o sensación de que él ha perdido interés en ti
- Deseo de modificar tu imagen (ropa moderna, cambio de color de cabello, pérdida de peso, aumento de busto u otra cirugía cosmética)
- Frecuentar nuevos amigos y evitar a los anteriores que tienen valores espirituales
- Insatisfacción generalizada y resentimiento creciente hacia tu esposo
- Sentirte incomprendida y sola
- Sentirte atraída por los hombres que manifiestan alguna atención hacia ti
- Imaginar cómo sería no estar casada
- Tentación por una conducta adictiva (alcohol, drogas, gastar excesivo dinero, comer de más, demasiada actividad física, conversaciones por la Internet, juegos de azar)
- Tristeza por metas, expectativas y sueños incumplidos
- Sentirte alejada de Dios o insatisfecha con la iglesia
- Ser más amable, simpática y paciente con los demás que con tu marido
- Accesos de llanto sin motivo aparente

Cuenta la cantidad de cuadritos que marcaste. (Si has hecho dos marcas en alguno cuéntalo solo como uno, pero presta atención a ese sentimiento).

Si marcaste...	el riesgo de tu matrimonio es...
1-6	medio a moderado: ten cuidado
7-12	grave: necesitas hacer algunos cambios
13-20	severo: ¡consigue ayuda urgente!

Cuando hayas terminado, relee tus respuestas. Algunas marcas quizá no sean para alarmarse si bien pueden ser una temprana advertencia de problemas que deben resolverse. No obstante, cuantas más frases hayas marcado, mayor peligro hay para tu matrimonio.

Recuerda que los problemas en las relaciones que no se toman en cuenta ni se resuelven, suelen seguir creciendo. El sufrimiento y la frustración en tu matrimonio pueden hacer que tu corazón se vuelva cada vez más hermético. Tu esposo puede no darse cuenta de ello e incluso tú misma puedes no ser completamente consciente de esa situación.

Cuando las parejas acuden a mí (habla Steve) en busca de consejo, a veces ilustro este concepto del corazón y las emociones cerradas poniéndome de pie y abriendo la puerta de mi oficina. Luego comienzo a cerrarla lentamente, pero antes de que se cierre por completo, me detengo un momento y la cierro de un golpe. Las parejas suelen sobresaltarse, pero por lo general comprenden la idea: es mejor hacer algo antes de llegar al portazo.

La puerta aún está abierta

Con frecuencia le pido a las mujeres que se acercan a mi oficina en busca de orientación que lean los veinte síntomas y me digan qué relación existe entre esa lista y lo que sienten en cuanto a su matrimonio. Cuando una de mis pacientes terminó con la lectura, las lágrimas brotaban de sus ojos, corrían por sus mejillas y le caían desde la barbilla como si fueran las cuentas de un collar. «Esta es mi vida», sollozó. «Me identifico con cada una de estas señales de advertencia».

Si bien parecía una situación sumamente difícil, tenía buenas noticias que darle. Como ella aún se interesaba en buscar ayuda, no era demasiado tarde para su matrimonio. Lo mismo sucede contigo, ya sea que hayas marcado un cuadrito o los veinte. El simple hecho de estar leyendo este libro nos habla de que te preocupa tu matrimonio e indica que no has cerrado la puerta por completo. Confiamos que si aún existe el más leve rayito de preocupación, no importa cuán leve o distante se halle, sigue habiendo esperanza.

Tal vez pienses que hará falta un milagro y quizá sea así; pero servimos al Dios de los milagros. Como escribió el profeta Isaías: «Me ha enviado […] a consolar a todos los que están de luto, a ordenar que […] se les dé esplendor en lugar de ceniza, aceite de gozo en lugar de luto, manto de alegría en lugar del espíritu angustiado»[2].

Esto es lo que Dios puede hacer por tu matrimonio. Él puede darte esplendor en lugar de las cenizas de tu dolor y desilusión; pero debes participar en el proceso.

¿Cómo participas? Te pediremos que hagas dos cosas sencillas durante los próximos tres meses. Solo dos cosas. Y solo por tres meses.

En primer lugar, queremos que te comprometas a orar por tu esposo quince minutos todos los días.

En segundo lugar, con la ayuda de una amiga de confianza o una consejera, nos gustaría que te comprometieras de corazón a ocuparte de tu matrimonio y hacerlo mediante la asimilación en detalle de este libro. Durante ese tiempo, quisiéramos que evitaras cualquier comentario o pensamiento de divorcio o separación.

Somos plenamente conscientes de que puedes sentirte reacia o incapaz de hacerte cargo de estas dos tareas. De ser así, te rogamos que al menos leas el capítulo 3, que te ayudará a comprender por qué tu marido no llena tus necesidades y el capítulo 6, que habla del sufrimiento del divorcio. Una vez que hayas leído ambos capítulos, tal vez reconozcas que estos dos pedidos son razonables e ínfimos.

Si lo que te preocupa es tener que orar *únicamente* por tu marido durante quince minutos todos los días, existen materiales que pueden serte de ayuda. Algunos de nuestros favoritos están enunciados al final de este libro. (Recomendamos el libro de Stormie Omartian: *El poder de la esposa que ora)*. A algunas mujeres les gusta usar algún libro de oración de su preferencia y adaptar las oraciones a su matrimonio. Otra posibilidad es la de elegir tus promesas favoritas de la Biblia y reescribirlas en tu diario personal como oraciones por tu matrimonio. Aun el simple proceso de anotar tus oraciones te ayudará a concentrarte lo suficiente para mantener tu compromiso de oración.

Además de la oración diaria, resulta vital que te encuentres al menos una vez a la semana durante los próximos tres meses con una amiga de confianza o una consejera que te brinde su apoyo y ante quien puedas rendir cuentas a medida que avanzas con el libro. Asegúrate de que no se trate de alguien predispuesta a emitir juicio, que sea llena de gracia y perdón, capaz y dispuesta a mantener la confidencialidad en cuanto a tu situación y dispuesta también a hablar la verdad en amor. Aunque tal vez termines de leer el libro mucho antes, podrás usarlo en los encuentros semanales para concentrarte en las soluciones que te parezcan más adaptables a tu caso. La parte llamada: «Algo para que lo intentes» al final de cada capítulo así como: «Codo a codo» al final del libro pueden servirte para iniciar conversaciones.

Más allá de tu apretada agenda, haz que estos momentos sean tu máxima prioridad. Si tienes hijos pequeños, sabes que distraen; de modo que será mejor que los encuentros se produzcan mientras están en el colegio o que consigas a alguien que los atienda por una hora más o menos.

¿Necesito acudir a un profesional?

Si detectas muchos síntomas, si no puedes hallar una amiga confiable o si ni siquiera puedes comprometerte a dedicar tres meses a tu matrimonio, quizá sea aconsejable que busques la opinión de un consejero matrimonial con experiencia. Hay incluso algunas situaciones especialmente difíciles que requieren ayuda inmediata y un cuidadoso seguimiento. Las llamamos: «Las cuatro A».

✑ abandono ✑ adicciones ✑ abuso ✑ adulterio

Si tú o tu marido luchan con alguna de estas circunstancias, lo lamentamos muchísimo. Sabemos que no existen soluciones sencillas para estas situaciones que no son solo angustiosas sino también complicadas. Las adicciones, por ejemplo, no se limitan tan solo a las drogas y al alcohol, sino que incluyen otras obsesiones como derrochar el dinero, los juegos de azar y la pornografía. En cuanto al adulterio, muchos piensan en una aventura de contacto físico; pero el adulterio puede también referirse a involucrarse en un profundo e íntimo nivel emocional. Por cierto, en esta época de la electrónica, las aventuras en Internet pueden convertirse en un verdadero problema. El abandono es, por supuesto, cuando alguno de los dos hace las maletas; pero ¿y qué del cónyuge que está pero *no está*? Resulta complicado definir un patrón constante de abuso. Tú y tus hijos puede que no se encuentren en un verdadero riesgo físico, pero las amenazas constantes o la intimidación pueden llevarlos a un estado de temor constante.

Volveremos a hablar de las cuatro A en el capítulo 7 y trataremos en forma específica las aventuras amorosas en el capítulo 14. Sin embargo, debido a la complejidad de estas situaciones, creemos que necesitan la ayuda de un profesional experimentado. Te alentamos y rogamos a Dios que puedas buscar esa clase de ayuda aunque tu esposo no quiera acompañarte. Por favor, no permitas que el temor, el orgullo, la vergüenza o la preocupación económica lo eviten. (Muchas agencias y oficinas ofrecen honorarios ajustables que te ayudarán a cubrir el costo que tú no puedas afrontar).

Para elegir un consejero profesional, te sugerimos que solicites la recomendación de tu pastor o de otras mujeres que hayan tenido experiencias de asesorías positivas. Si no te satisface algún consejero en particular o te cuesta «llegar» a él o ella, no te desanimes. Prueba con otro, tal como lo harías con un médico al que no le tienes confianza. Más abajo hemos incluido una lista de preguntas que podrías usar para entrevistar a un consejero antes de la primera cita. El propósito es que puedas tener una idea general de quién es el consejero y puedas percibir si ambos se entenderán. Siéntete en libertad de hacer tus propias preguntas. Es importante que sientas que la persona que te aconseja sea digna de confianza, segura y que comparta los mismos valores que Dios ha depositado en lo profundo de tu corazón[3].

Preguntas para formular a tu consejero

- ¿Cuál es su formación académica?
- ¿Cuál es su especialización?
- ¿Qué experiencia tiene en ella?
- ¿Cuál es su porcentaje de éxito?
- ¿De qué manera encara los problemas?
- ¿Qué lo convierte en un buen consejero?
- ¿Qué participación tiene en su iglesia?
- ¿Qué influencia tiene su fe en su tarea como consejero?

- Si es casado, ¿cómo describiría sus relaciones matrimoniales?

- ¿A cuánto ascienden sus honorarios?

- ¿Qué facilidades de pago concede usted?

Una mirada hacia adelante

Apenas ayer, hablé (cuenta Steve) con una cliente que se había separado de su esposo. Había regresado con su marido y llevaban juntos alrededor de un mes. Me comentó: «Hice algunos cambios y él también. A veces da la impresión de que damos dos pasos para adelante y uno para atrás; pero al menos lo hacemos juntos. Todavía tenemos un largo camino por recorrer, pero por primera vez en más de un año puedo mirar hacia adelante, hacia donde nos dirigimos».

Mientras redactamos el presente capítulo, imaginamos cómo será la vida para ti de aquí a tres meses, y nos sentimos animados por las posibilidades. Ambos conocemos a innumerables mujeres que han experimentado un cambio rotundo en su matrimonio. Y, por supuesto, Érica es una de ellas. Viendo a estas parejas hoy en día, uno jamás sospecharía que esas mujeres deseaban poner fin a su matrimonio. Rogamos a Dios de todo corazón que algún día tú también conozcas la felicidad que ellas experimentan ahora.

No importa cómo te sientas, aunque pienses que el amor se murió, continúa leyendo, continúa orando, continúa creyendo. Nuestro Dios, el hacedor de milagros, sigue dando esplendor en lugar de cenizas.

Algo para que lo intentes

Elige solo una de estas cosas...

- ¿Cuáles de los síntomas que marcaste en las páginas 26 - 28 fueron los que más te costó reconocer? ¿Qué cosas hiciste en el pasado que mejoraron esos síntomas? ¿Qué cosas los empeoraron?

- Si tu esposo está dispuesto, permite que lea los síntomas y que marque los que él cree que tú estás experimentando. Comenten las diferencias entre ambas respuestas. (Nota: si tu esposo no está dispuesto a participar, intenta imaginar lo que respondería y analiza en qué podrían diferir sus respuestas de las tuyas).

- Si deseas hacer el compromiso de la página 30, escoge una mujer con la que te vayas a reunir una vez a la semana durante los próximos tres meses. Llámala en las siguientes veinticuatro horas. Si no estás dispuesta a asumir ese compromiso en este momento, escribe algunas de las razones.

- Dedica un tiempo a buscar en las librerías algún libro acerca de la oración y de las promesas bíblicas. (Se sugieren algunos al final de este libro). Compra el que resulte más adecuado y dedica un tiempo a leerlo durante la próxima semana.

Capítulo 2

Sueños perdidos

He aprendido dos cosas:
Cenicienta no existe y yo no soy el príncipe.

Anónimo

Cuando eras pequeña, ¿soñaste con tu príncipe azul, con el que te casarías y vivirías feliz por siempre? ¿Era vestirte de novia tu disfraz favorito? Quizá te colocabas un retazo de tela blanca en el pelo, te subías a los tacones de tu mamá y caminabas por un pasillo imaginario regado por pétalos de rosas de fantasía.

Siendo adolescente, tal vez tus fantasías respecto del matrimonio probablemente cambiaron. Dejaste atrás los cuentos de hadas y tus ideas se refinaron al escuchar canciones modernas, al ver películas románticas, al conversar con tus amigas y al enfrascarte en las fotos de las revistas para novias. Incluso antes de convertirte en adulta, tus expectativas se vieron moldeadas por novelas románticas, series de televisión, revistas femeninas y películas para adolescentes.

La experiencia personal que hayas tenido con el matrimonio, tanto buenas como malas, es probable que también hayan dado forma a tus expectativas. Si el matrimonio de tus padres fue cálido e íntimo, podrías esperar lo mismo para el tuyo. Si tu padre fue un hombre impasible y distante o amistoso y comunicativo, podrías esperar eso mismo de tu marido. Si los problemas familiares los resolvían con discusiones acaloradas, elevar la voz te parecerá normal en el matrimonio. Si uno de tus padres te ha decepcionado de alguna manera, podrías esperar casarte con alguien que pudiera compensar esa pérdida.

Cualquiera que haya sido tu expectativa, tu matrimonio quizá no se parezca en nada a lo que soñaste. Es más, puede que te hayas lastimado muchas veces con los restos de tus sueños rotos y tus decepciones.

Y es muy probable que tu época de noviazgo no ayudara en mucho. Si bien ese tiempo es para conocerse el uno al otro, lo cierto es que la mayoría de las personas suele mostrar su mejor lado durante esa época. Es probable que tu esposo haya ganado tu corazón con manifestaciones de afecto y un tierno romanticismo. Y tú lo ganaste con tu admiración y efervescencia. Él era noble y protector; tú eras dulce y encantadora. La conversación abundaba, la amistad se profundizaba y el placer se tornaba indescriptible. Mientras transitaban este estadio romántico del amor joven, parecía ser que tu matrimonio sería el sueño de toda una vida. Aunque supieras que esta etapa de amor embriagante iría a terminar, a lo mejor no prestaste demasiada atención a lo que vendría luego.

Expectativas grandes y no tan grandes

Es normal tener anhelos y sueños respecto del matrimonio. Se *supone* que tengas altas expectativas. Si no, ¿por qué querría alguien casarse? Incluso esa nube romántica del noviazgo y del primer amor puede servir para crear lazos y construir recuerdos que los ayuden a atravesar las épocas de aprendizaje.

> **Lo que la mayoría de las mujeres esperan de sus esposos**
> *La lista siguiente se basa en una encuesta propia realizada entre mujeres de distintos trasfondos. ¿En qué se parece a tu lista de deseos?*
>
> | | |
> |---|---|
> | Respeto | Amabilidad |
> | Provisión | Liderazgo |
> | Comunicación | Tiempo de calidad |
> | Sentido del humor | Compatibilidad espiritual |
> | Protección | Integridad |
> | Romanticismo | Afecto (sexual y no sexual) |
> | Amistad | Participación en la familia |

Sin embargo es también normal que las expectativas se vean defraudadas porque los maridos y las esposas no son perfectos, porque nuestras expectativas son con frecuencia irreales y porque es imposible predecir con exactitud cómo van a interactuar dos personas en la intimidad matrimonial.

Muchos expertos en parejas creen que las expectativas poco realistas son la causa principal de la insatisfacción matrimonial. Resulta interesante señalar que los hombres por lo general tienen una serie de expectativas distintas a las de las mujeres y es con frecuencia el choque de las expectativas de ambos lo que hace que el matrimonio sea tan difícil. No se trata de que el marido tenga razón y la mujer no, o al revés, se trata de que a la mayoría de las parejas les cuesta negociar esa diferencia entre las expectativas y la realidad.

En otras palabras, las expectativas no alcanzadas no son el verdadero problema. En la mayoría de los matrimonios, el problema es la incapacidad de cada integrante de dejar de lado sus expectativas poco realistas y hacer lo necesario para que las expectativas razonables se hagan realidad.

Les y Leslie Parrott, directores del centro para el desarrollo de relaciones de la universidad *Seattle Pacific*, afirman: «La creencia en un matrimonio eternamente feliz es uno de los mitos destructores del matrimonio más generalizado. Sin embargo es solo la punta del témpano de los mitos maritales. Cada matrimonio conflictivo está plagado de conceptos erróneos acerca de lo que el matrimonio debería ser»[1]. Antes de casarnos, uno se concentra en el otro e invierte en sus relaciones. Cuando uno se casa, ese vínculo suele perderse en el fragor del lavado de ropa, los platos, los empleos, los hijos y demás demandas del diario vivir.

Para algunos, la desilusión llega en la noche de bodas: las expectativas de la luna de miel con frecuencia son desastrosas. Para otros, la realidad irrumpe como una nube que cubre poco a poco los rayos brillantes de los sueños del ayer. Los errores pasados por alto en la vorágine del noviazgo aparecen cada vez mayores en la rutina cotidiana. Ciertos rasgos de la personalidad y algunos hábitos que pudieron resultar atractivos, pueden convertirse en irritantes, como una urticaria. La conversación y el romanticismo pierden su brillo. Él está cansado y tú, malhumorada. Él rehúye y tú insistes. La cruda realidad es que mantener un matrimonio amoroso es mucho más difícil que enamorarse.

> *Jamás hallarás la perfección en tu pareja,*
> *ni ella la hallará en ti.*
>
> Doctor James Dobson

Lo que puedes esperar

¿Qué sería razonable esperar de un matrimonio, en especial de un matrimonio cristiano? Creemos razonable que toda mujer puede esperar que su marido la respete, la valore, la tome en cuenta y la aliente al menos la mayor parte del tiempo. Es más, Dios instruye a los esposos a que amen a sus esposas de tal manera que esos anhelos sean cumplidos. En Efesios, el apóstol Pablo escribe: «Esposos, amen a sus esposas, así como Cristo amó a la iglesia y se entregó por ella»[2].

Si bien Dios desea que un hombre apoye y aliente a su esposa, un marido no puede esperar ser quien cubra *todas* sus necesidades ni intentar hacerla feliz *todo* el tiempo. Eso no sería justo, sano ni realista. Y lo que es más: ¡es imposible!

En un cálido libro lleno de sabiduría en celebración de su más de cincuenta años de casados con el doctor Billy Graham, Ruth Graham escribe:

> «Insensata es la mujer que espera que su marido sea para ella solo lo que Jesucristo mismo puede ser: siempre dispuesto a perdonar, absolutamente comprensivo,

infinitamente paciente, inefablemente amable y cariñoso, infalible en todo, conocedor de cada necesidad y más que proveedor de lo necesario. Tales expectativas colocan al hombre bajo una tensión insoportable. Lo mismo ocurre con el hombre que espera demasiado de su esposa»³.

Como tu marido es humano, no es lógico esperar la perfección por parte de él. Además, es irracional e injusto pretender que él:

- te lea la mente. (Es probable que no pueda).

- piense y sienta igual que tú. (De hecho no es así).

- sea como tu padre (o como cualquier otra persona).

- se relacione contigo como lo hacen tus amigas. (Él no fue creado así).

- deje de reaccionar como un hombre. (¿Estás segura de que quieres eso?)

Este último punto es sumamente importante porque un buen control realista de cómo funciona la mayoría de los hombres nos ayudará a disipar las expectativas de una imagen del matrimonio perfecto. La realidad indica que, más allá de todo, tu esposo va a pensar, actuar y hablar como un hombre; y eso es bueno. Los hombres traen equilibrio al matrimonio y por lo general contribuyen en áreas como fuerza, provisión, lealtad y protección. Al mismo tiempo, solo por la sencilla razón de que tu esposo es hombre, es probable que esperes que algo de todo esto sea cierto:

- Como su mente funciona distinto de la tuya, él por naturaleza no puede comprenderte y puede que no tenga la más remota idea de por dónde comenzar.

- Puede estar profundamente afectado por heridas de su infancia y aun así no comprender la naturaleza de dichas heridas.

- Él puede recluirse cuando más lo necesitas y ni siquiera darse cuenta de cuán doloroso, enojoso y desconcertante es esto.

- Si señalas un problema o le sugieres que busque ayuda, puede pensar que estás sobrepasándote, siendo hipersensible o cuestionando su masculinidad.

- Puede que él no vea la gravedad de la situación hasta que estalla la crisis.

¿Se aplican todas estas características a todos los hombres? Por supuesto que no. Sin embargo estas generalidades son ciertas con tanta frecuencia que vale la pena tenerlas en cuenta; en especial porque son fuentes comunes de malentendidos entre los esposos. Ya sea que provengan de la manera en que los hombres han sido educados en nuestra sociedad o que estén directamente relacionados con el cromosoma Y, son cuestiones que están muy arraigadas. Si puedes aceptar y comprender esta realidad, podrás hacer grandes avances en la modificación de la dinámica de tu matrimonio… y en conseguir alivio para tus desilusiones.

Imagen perfecta

El laureado escritor Grant Howard expresa: «Tenemos una imagen del cónyuge perfecto, pero nos casamos con una persona imperfecta. Entonces tenemos dos opciones. Desechar la imagen y quedarnos con la persona o deshacernos de la persona y quedarnos con la imagen»[4]. Si estás pensando en abandonar al marido que alguna vez amaste, podrías preguntarte si no estarás desechando a la persona en vez de la imagen irreal.

Tal vez tu desilusión ya ha pasado a convertirse en irritación por alguna costumbre inaguantable de tu esposo o la pérdida del amor romántico. Tal vez tu descontento se ha profundizado en forma gradual con los años y has comenzado a arrepentirte de haberte casado. Una de las mujeres con las que hablamos nos dijo que había pensado seriamente en dejar a su marido todos los días durante más de dos años. Estaba cansada de sentirse desilusionada, herida, incomprendida e inapreciada. Muchas otras mujeres afirmaron sentirse tan solas y enojadas que estaban al borde de la desesperación. Habían perdido toda esperanza en su matrimonio y *deseaban* tirar por la borda tanto a la persona como a la imagen y comenzar de nuevo. Si te encuentras en este punto, te suplicamos que le des un poco de tiempo a tu matrimonio. Al menos por tres meses, prueba con sinceridad las dos tareas indicadas en el capítulo anterior. En la mayoría de las situaciones, darse por vencida y abandonarlo todo es una opción que te causará un dolor mucho más profundo que el que experimentas ahora.

Otra oportunidad

Los primeros tres años de matrimonio de Denise fueron espantosos. Un día, ella reunió algunas de sus cosas, se subió al automóvil y se fue. Acababa de tener una de las mayores discusiones matrimoniales. No pensaba regresar.

Denise pasó la noche con una amiga íntima de la iglesia quien la alentó a que conversara con la esposa del pastor antes de tomar la decisión final de separarse. Durante esa primera entrevista, Denise aceptó reunirse con la esposa del pastor una vez a la semana durante varios meses.

Veinte años más tarde, Denise comenta: «Una vez que decidí abandonar mis sueños poco realistas y aceptar a Ralph como era, tuve que realizar ciertos ajustes. Él no era un caballero de brillante armadura y nuestro matrimonio no había sido consumado en el cielo. Sin embargo, aprendí a amarlo y me refiero a *amarlo de verdad*. Algunas de las cosas que me parecían desalentadoras son las que me hacen quererlo. No es perfecto, pero tiene un gran corazón y una enorme consagración a nuestra familia. He aprendido que estos tesoros son más valiosos que los sueños y las expectativas con las que inicié mi vida matrimonial».

Si vieras a Denise y a Ralph, jamás sospecharías que su matrimonio tuvo un comienzo tan tumultuoso. Si le pides un consejo, Denise te dirá que no puedes esperar que tu marido sea responsable de tu felicidad y que a veces eres tú la que debe tomar la iniciativa de añadir un poco de emoción y pasión a tu matrimonio. Sé que Denise desearía que yo te alentara a darle a tu matrimonio otra oportunidad. Recuerda: tu matrimonio puede perdurar a pesar de los sueños perdidos y, cuando eso sucede, se convierte en una clase de amor más precioso aun.

Algo para que lo intentes

Elige solo una de estas cosas...

- Anota las expectativas de las relaciones matrimoniales que consideras realistas. Pídele a otra mujer que haya estado casada por más de treinta y cinco años que haga una lista de expectativas razonables. Compara ambas listas.

- Relee el cuadro de la página 39, «Lo que la mayoría de las mujeres esperan de sus esposos». Añade los puntos que para ti sean importantes pero que no aparecen en la lista. Luego encierra en un círculo el punto en el que tu esposo se destaca. En algún momento del día, felicítalo por esto.

- ¿Cuáles han sido los mejores años de tu matrimonio? ¿Cuáles fueron los peores? ¿Cuáles fueron normales? ¿A qué atribuyes la diferencia?

- Pídele a una amiga que intercambie tazas contigo. Cada una elegirá la taza o jarro de su preferencia y se lo dará a la otra con la promesa de que van a orar la una por la otra y por sus matrimonios cada vez que la usen.

Capítulo 3

Él no lo entiende

> *Mientras una mujer puede leer las señales de otra mujer, los hombres no pueden. Los hombres ni siquiera se dan cuenta de que se estaban enviando señales.*
>
> Nancy Cobb y Connie Grigsby[1]

¿qué puedes hacer cuando lo has intentado todo para transmitirle a tu esposo que no eres feliz y él parece no comprender?

El concepto del hombre «despistado», el que no tiene idea de nada, es un desafortunado estereotipo; pero como todo estereotipo se basa en algo de verdad: los problemas que a ti te parecen terriblemente evidentes para él no lo son. Esto no es así porque él sea tonto ni porque no le importe sino porque su proceso mental es distinto al tuyo. Él se comunica de manera diferente a ti y también escucha de manera distinta. Esto no es solo la forma en que Dios lo ha creado sino también la forma en que lo han educado.

Si no has aprendido a comprender y a ajustarte a estas diferencias, bien puedes hallarte a punto de tirar todo por la borda mientras tu esposo sigue en la zona de «tenemos un buen matrimonio». Él puede creer que tu mal humor se debe al síntoma premenstrual, a las finanzas, al cansancio, al estrés o a una etapa por la que estás pasando; y puede de veras creer que los problemas se solucionarán.

Hemos visto este patrón de conducta repetirse vez tras vez. Como el marido no comprende qué es lo que preocupa tanto a su esposa, no tiene idea de cómo responder a sus quejas. Cuando por fin él intenta hacer *algo*, es raro que sea lo que ella de veras desea. El dolor de la esposa se agudiza y entonces cierra aun más su corazón. Al mismo tiempo le envía a él un mensaje de que sus esfuerzos son banales e insinceros, de que está haciendo muy poco y demasiado tarde. Esto hace que él se sienta incomprendido, menospreciado y confundido, y que lleno de frustración se refugie tal vez en su empleo (trabajando más o más tiempo), pasando más tiempo con sus amigos o con algún pasatiempo, o tal vez dándose por vencido en cuanto a su intento de agradar a su esposa.

Es un círculo vicioso que puede romperse. Si has intentado de una y mil maneras y tu marido sigue sin captar la idea, debe de haber un problema en la manera en que la «idea» le está siendo comunicada.

Búfalos y mariposas

En parte, el motivo por el cual tu esposo parece tan despistado es que la mayoría de los hombres son terriblemente malos en cuanto a leer la mente, y no son mucho mejores en cuanto a captar indirectas. En el mundo masculino, la comunicación se entiende cuando es directa, concisa y concreta. Incluso en las relaciones comerciales donde hace falta tacto, los hombres van directo al grano y a veces con osadía. Alguien dijo que la comunicación masculina es como un búfalo: tal vez carezca de delicadeza pero no pasará inadvertido.

Cuando las mujeres conversan entre sí es por completo distinto. Ellas pueden tener sus propios problemas de comunicación pero una de sus habilidades es descubrir intuitivamente los mensajes sutiles de la otra. Ante el menor indicio de alguna dificultad, las mujeres lo captan de inmediato y comienzan a intercambiar palabras de apoyo y de interés en el asunto. Para dar a conocer una necesidad uno no necesita ser tan directo cuando uno está hablando con una mujer, sino que puede ser como el suave roce de una mariposa.

Para la mayoría de los hombres, sin embargo, esa señal de la mariposa pasa por completo inadvertida. De nuevo, no es porque los esposos sean incapaces o no tengan sentimientos, sino porque han sido creados de manera diferente y han aprendido a comunicarse de distinta manera. Por eso tiene sentido que, cuando un matrimonio comienza a tener problemas, las mujeres aprendan a hablar en un idioma que sus esposos comprendan. Necesitarás ser directa y hasta atrevida, pero con respeto y sin atropellar su corazón.

> *Si tienes que hacer una declaración importante,*
> *no trates de ser sutil ni ingenioso.*
> *Usa un martinete. Golpea directo en el lugar.*
> *Regresa y vuelve a dar en el mismo punto.*
> *Golpea por tercera vez y... ¡y con tremenda fuerza!*
>
> Winston Churchill

Por qué él no te escucha

Al leer esto, quizá pienses que ser muy delicada no es tu problema. Has tocado el tema una y otra vez con golpes certeros y firmes. Hablaste con claridad y precisión, pero sigue sin entender. Eso puede o no ser verdad. Quizá lo que a ti te parece absolutamente franco para él siga siendo demasiado indirecto. A lo mejor tú confundiste el ser directa con lloriquear y rezongar, y como resultado dejó de escucharte. O también puede que suceda otra cosa.

En mis veinticinco años como consejero matrimonial, yo (Steve) descubrí que hay varias razones por las que un esposo podría tener dificultad para escuchar la verdad por parte de su esposa. Sin embargo, las seis que se enuncian a continuación son las que ocurren con mayor frecuencia.

1. Él puede sentirse inseguro debido a fracasos en relaciones anteriores. Esa inseguridad puede haberse iniciado cuando era pequeño y observaba la manera en que sus padres manejaban sus conflictos. O también puede estar relacionada con sucesos más recientes como un romance malogrado o un fracaso matrimonial. Él puede sentirse incompetente en lo referente a las relaciones humanas. Evitar el problema y esperar que este desaparezca puede parecer mejor que intentar resolverlo y fallar una vez más.

2. Él puede estar percibiendo solo un nivel de comunicación a la vez. La mayoría de las mujeres se comunican en varios niveles de manera simultánea y así emplean palabras, emociones y expresiones faciales, solo por nombrar algunos. Sin embargo, los hombres tienden a percibir un solo nivel a la vez. De manera que cuando tu marido se concentra en tus palabras, él no toma en cuenta las emociones que están detrás de las palabras. (Por ejemplo, él te pregunta si pasa algo malo y tú *dices*: «No, la verdad es que no», pero piensas que él se dará cuenta de que algo no está bien. Sin embargo, él tomará tu respuesta ¡en forma literal!) O puede que él se concentre tanto en tus emociones que no tome en cuenta lo que dices. A veces solo de ver la expresión de tu rostro puede bloquearlo para escuchar lo que dices. Los hombres no tienen la intención de pasar por alto la totalidad del mensaje; Dios los hizo así, y solo perciban un nivel por vez.

3. Él cree que ser hombre lo obliga a encontrarle una solución a todo. El viejo chiste de que a los hombres no les gusta pedir indicaciones descansa en una creencia masculina esencial: que se espera que ellos descubran las cosas por sí mismos. Para muchos hombres, solicitar ayuda o indicar que no comprenden algo es un signo de fracaso personal; y para el hombre dentro de nuestra cultura, el fracaso es algo terrible. No es solo una palabra que describe lo que hizo, sino que la considera una imagen de lo que es.

4. Él puede estar en una actitud de autoprotección. Esto se manifiesta cuando una esposa recurre al enojo intenso, al rezongo constante, al menosprecio o a la negatividad para obtener lo que desea, o cuando el enojo de la esposa le recuerda antiguos menosprecios o negatividad. Cuando un esposo cree que debe defenderse, con frecuencia deja de escuchar.

5. Él puede estar demasiado cerca del objetivo. A veces hace falta el aporte de alguien externo a la pareja que provea la perspectiva necesaria. Será frustrante pero es cierto: una persona puede decir exactamente tus mismas palabras, lo que has venido repitiendo por años; pero tu marido no lo entenderá hasta que lo escuche de otra persona.

6. Él puede haber perdido la esperanza. Quizá esta sea la razón más triste de todas. Un esposo dejará de escuchar a su esposa si piensa que no hay nada que pueda hacer para producir una diferencia. Con demasiada frecuencia escuchamos que los hombres afirman: «No hay nada que yo pueda hacer para hacerla feliz» o «No sé qué hacer para agradarle». En lugar de intentarlo, se dan por vencidos.

Al revisar estas seis razones, quizá identifiques una o más de una que se aplican a tu matrimonio. Una vez que comprendes las barreras auditivas de tu esposo, y también tus propios errores al no comunicarte con claridad, será mucho más sencillo abrirte paso a través de estas barreras para que él pueda comenzar a escuchar tu corazón con claridad.

Esposos: pongan atención a…
Las palabras, los deseos, los anhelos, las emociones,
las preocupaciones, las preferencias, la comodidad,
el malhumor, los amigos, la familia,
las esperanzas y los sueños de ella.

Esposas: pongan atención a…
Las palabras, los deseos, los anhelos, las emociones,
las preocupaciones, las preferencias, la comodidad,
el malhumor, los amigos, la familia,
las esperanzas y los sueños de él.

Cómo ayudarlo a que te escuche

Ojalá que lograr que tu marido te escuche en verdad fuera tan sencillo como entregarle la mitad que le corresponde a él del cuadrito de arriba. Por supuesto... no es tan sencillo. Comunicar tus frustraciones a tu esposo requerirá de paciencia, habilidad y decisión de tu parte. Puede hacer falta que aprendas algunos métodos nuevos de cómo hablar y escuchar. Si puedes lograr esto, las recompensas para tu matrimonio pueden llegar a ser cuantiosas.

Antes de comenzar, intenta aceptar que el método de escuchar y prestar atención de tu esposo no necesariamente está equivocado sino que es diferente. En tu mente, dale la oportunidad o el derecho a ser diferente. En vez de etiquetarlo como «despistado», opta por hablar con él de una forma que pueda escucharte.

Planificar lo que se va a decir puede servir de ayuda. Como los hombres tienden a responder a la comunicación básica y a ser solucionadores de problemas, te sugerimos que dediques unos momentos a concentrarte en lo esencial de la relación. Pregúntate qué es lo que más necesitas por parte de tu esposo en este momento preciso. Según cómo seas para procesar las cosas, puede que quieras hacerlo de un tirón o tal vez dedicar un par de días a meditar en el asunto. Escribe todo lo que te venga a la mente sin ningún orden preciso. Luego, organiza la lista agrupando los puntos similares. Por último, elige los más importantes y redáctalos en forma breve en una hoja aparte. Esta hoja será tu apunte para tener a mano para transmitir tus necesidades de una forma que tu esposo pueda escucharte y comprender.

Una vez que hayas puesto a punto tu lista, ten en cuenta estos sencillos pasos para comunicar con efectividad cada uno de los puntos:

Elige un momento y un lugar. En mi caso (habla Alice) descubrí que los sábados por la mañana es un buen momento para conversar seriamente con Al. Cuando nuestros hijos todavía vivían con nosotros, buscábamos a alguien que los tuviera en su casa por un par de horas. Prefiero las mañanas porque eso nos da todo un día para procesarlo en vez de abordar conversaciones densas antes de ir a dormir. Desayunar y permanecer un rato más conversando, café de por medio, crea un ambiente más de camaradería que de combate.

Eso funcionó en nuestro caso, pero tu situación puede ser distinta. Trata en elegir un momento y un lugar en que ambos estén despabilados, que puedan tener privacidad y que nada los apure.

Dale una oportunidad. Muchas veces nos concentramos tanto en nuestros propios problemas que olvidamos que el otro también está dolido. Puedes iniciar la conversación diciendo que estás preocupada por ustedes como matrimonio y que deseas saber si él tiene alguna sugerencia para mejorarlo. En otras palabras, quieres saber lo que él necesita de ti. Bríndale la oportunidad de responderte en ese mismo momento o de pensarlo por cuarenta y ocho horas y luego comentarlo contigo. Si él responde enseguida, escucha con atención sin protestar ni defenderte. (Debes saber escuchar, ser sincera y demostrar interés). Ten a mano lápiz y papel y dile que escribirás los puntos más importantes para no olvidarlos.

Con calma y claridad comunica tus necesidades. Trata de mantener la calma para que tu esposo no se distraiga con tus emociones y pierda de vista el mensaje. (Si estás muy contrariada y emocionalmente cargada, quizá sea una buena idea que comentes este asunto primero con una amiga). Trata de exponer lo que deseas de la manera más concisa y clara posible. Alguien dijo en cierta oportunidad: «Las mujeres con frecuencia verbalizan una serie de temas sin un orden preciso y dando al mismo tiempo todas las opciones y posibilidades». Los hombres tienden a sentirse abrumados por semejante volumen de información, y dejan de escuchar. Obtendrás una mejor respuesta si te encasillas en cuatro cosas:

- qué necesitas
- cómo lo necesitas
- cuándo lo necesitas
- por qué lo necesitas

Cuando transmitas un tema doloroso o altamente emocional es interesante que trates de controlar tu tono de voz al hablar. Como las mujeres tienen la voz más aguda y la tensión suele tensar las cuerdas vocales, es muy probable que comiences a chillar y a dar alaridos que harán que a cualquiera le sea difícil escucharte. Procura mantener la voz baja y suave, y obtendrás una mejor respuesta.

Pregúntale lo que piensa. A veces la mejor parte de una conversación es la que se produce luego de preguntas tales como: «Y bien, qué piensas de esto? ¿Crees que he sido justa o injusta? ¿Te parece una ridiculez lo que digo?». Luego, pídele a tu esposo que repita lo que entendió de lo que dijiste. Es también un buen momento para que uses la misma lista de más arriba para preguntarle en cuanto a sus necesidades. Pero no lo obligues a responder enseguida si no está listo. Los hombres no procesan las cosas verbalmente como lo hacen las mujeres; por lo general necesitan pensar antes de responder a una situación. Es mejor acordar un nuevo encuentro para que él te diga lo que piensa en vez de presionarlo para que te dé respuestas inmediatas. No dejes de darle una demostración del arte de escuchar que te gustaría que él utilizara contigo.

Apela a su memoria de largo plazo. Es probable que tu marido almacene los problemas en su memoria de corto plazo porque le gustan las cosas que pueden resolverse con rapidez. Tiende a pensar que si él hace lo que te gusta unas cuantas veces, está todo bien. Necesitas apelar a su memoria de largo plazo diciéndole que esto no es algo que sientes hoy o que te sientes así por algo que él hizo o dejó de hacer ayer. Él necesita saber que estas son preocupaciones que tienes desde hace mucho tiempo. Si has estado luchando con sentimientos negativos durante seis meses, díselo. Si esto te acompaña desde hace un año o más, díselo también.

Expresa tus temores. No lo amenaces ni lances un ultimátum, porque los hombres por lo general responden a las amenazas con enojo y terquedad. Sin embargo, dile específicamente que si estos problemas no se solucionan, temes que vayan a empeorar. Dile que tienes miedo de apartarte de él y que se pierda el amor que hay entre ustedes.

Si puedes, sé bien descriptiva. Muchas mujeres han sacado grandes ventajas del uso de esta técnica. En vez de rezongar y repetir una y otra vez, busca una imagen verbal que describa bien cómo te sientes. Por ejemplo, dile que te sientes como si estuvieras perdida en un bosque. Estás sola y se hace de noche. Todos los caminos que has intentado solo te alejan más. Tienes miedo y necesitas que él te ayude a encontrar el camino de regreso.

Acuerden volver a conversar del tema en cuarenta y ocho horas. Pídele a tu marido que piense y ore por lo que le has dicho y vuelvan a reunirse en no más de un par de días para trazar un plan de acción. En el segundo encuentro, descubrirás que él está dispuesto a cambiar y a hacer que algo suceda al respecto. De ser así, decidan cómo pueden trabajar juntos por una misma meta. Sean sumamente específicos acerca del qué, el cómo y el cuándo. Pongan el plan por escrito. Ayúdalo a hacer su parte por medio del aliento y del apoyo positivo en vez de la crítica y la queja.

Si aun así no entiende...

Los cambios llevan tiempo y quebrar un modelo de comunicación ineficaz no sucederá de la noche a la mañana. Puede que necesites repetir varias veces los pasos antes enunciados antes de que tu esposo comience a escucharte de veras. Sin embargo, si solo obtienes una mínima respuesta en las siguientes semanas, si tu esposo rompe de manera sistemática su promesa de acercarse a ti o si se resiste a conversar contigo por completo, puede que necesites la ayuda de un tercero que le haga comprender a tu esposo la gravedad de la situación.

En tu iglesia quizá puedan recomendarte a una pareja madura con la que tú y tu esposo puedan reunirse durante algunos meses o quizá sea tu pastor quien pueda guiarlos. Si esto no resulta, tal vez sea hora de buscar la ayuda de un consejero profesional. Si tu esposo no está dispuesto a acompañarte, ve sola. Alguien convenientemente capacitado podrá darte consejos sabios referidos a tu situación en particular.

Comprendemos que hay veces en que uno no siente ganas de hablar de estas cosas con el esposo porque está desanimada y lo único que desea es darse por vencida. Aunque te comprendemos, te suplicamos que permanezcas con él un poco más. Te sorprenderás de la manera en que tu esposo reaccionará cuando por fin te escuche.

Algo para que lo intentes

Elige solo una de estas cosas…

- Enumera las señales de que tu esposo te escucha de veras. Luego, enumera las señales de que no está escuchando. Prepara su comida preferida o llévalo a un buen restaurante y cuando hayan comido, muéstrale con respeto tus listas.

- La próxima vez que tu marido esté dispuesto a hablar, practica escucharlo por espacios de cinco minutos sin interrupciones excepto para formularle preguntas que no sean argumentativas. Durante esos lapsos, presta atención a:

  - sus palabras
  - su nivel de tolerancia
  - sus emociones
  - su tono de voz
  - sus preocupaciones
  - sus sueños

- En las páginas 52 - 54 relee las seis razones comunes por las que un hombre puede presentar dificultades para escuchar la verdad de boca de su esposa. ¿Cuáles crees que podrían aplicarse a tu esposo?

- Una mujer dijo que cuando se casó, el consejo de su madre fue: «No te olvides de tus amigas». ¿Por qué no te reúnes con un par de amigas un sábado a la mañana temprano y visitan un mercado de las pulgas. Es divertido y no cuesta mucho. ¿Quién sabe los tesoros que podrías encontrar, sin mencionar la camaradería que es tan necesaria?

Capítulo 4

¿Qué pasó con los buenos tiempos?

*Jamás es demasiado tarde,
en la ficción o
en la vida,
para hacer un ajuste.*

NANCY THAYER

puede llamarse Sandy, Melanie o Glenna. Podría tener menos de un año de casada, seis años o el tiempo suficiente para que el menor de sus hijos se esté preparando para entrar a la universidad. No está llorando, pero probablemente pasó muchas noches llorando antes de llegar a este punto.

«Ya no estoy enamorada», afirma. «No quiero lastimarlo, pero no creo poder seguir así. Apenas si nos hablamos y cuando tratamos de hacerlo parece que no tuviéramos de qué hablar. A veces me pregunto si alguna vez nos amamos en verdad».

Antes y después de la boda

Cuando mis amigas y yo (Alice) comentamos cómo conocimos a nuestros maridos, todas tenemos alguna historia de cómo le «caímos atrás». En mi caso, Al era mi vecino y podía ver su patio desde la ventana de la cocina. Si veía que estaba afuera trabajando, me pasaba un cepillo por el cabello, me pintaba los labios y le ponía la correa a Sloopy, mi pastor escocés miniatura. Cuando llegábamos a la propiedad de Al, soltaba la correa con la esperanza de que mi perro se metiera en su patio. Nunca me dio resultado. Sloopy corría en cualquier dirección menos hacia su casa.

Al era un muchacho agradable. Siempre lo fue. Finalmente un día nos conocimos (justo el día en que peor lucía y Sloopy no estaba a la vista), nos hicimos amigos y nos casamos. Alrededor de nuestro primer aniversario, fui a tomar un café con mi amiga Maggie. Nos conocemos desde el jardín de infantes, y cada vez que nos encontramos nuestras mandíbulas se mueven a cien kilómetros por hora. Aquel día en particular estaba enojada con Al, así que comencé a protestar por todo lo negativo de mi matrimonio y contra él también. Si Maggie ese día me hubiera pedido que nombrara una sola cosa buena sobre Al, no se me habría ocurrido nada que decir.

Luego de escuchar durante veinte minutos mi perorata, Maggie dijo algo que aún recuerdo luego de más de treinta y cinco años: «Pensabas que Al era fabuloso antes de casarte. ¿Qué pasó con él desde que se casaron?».

Su pregunta me detuvo en seco. ¿Qué pasó? Con palabras amables, Maggie comenzó a convencerme de que pensara en recuerdos más positivos, desde cuando me esforcé tanto porque se fijara en mí. Fue asombroso cómo esos recuerdos divertidos suavizaron mi corazón. Hasta el día de hoy estoy agradecida a mi querida amiga que me ayudó a concentrarme en las partes positivas de nuestro matrimonio.

> *La vida de casados... es un mosaico de pequeñas cosas,*
> *leves caricias,*
> *pocas palabras,*
> *tenues sonrisas de aliento,*
> *tiernas expresiones de cariño.*
>
> Nanette Kinkade[1]

Recuerdos para el corazón

Uno de los motivos por los que los matrimonios tienen dificultades y sienten que «se fue el amor» es que centran los pensamientos en lo malo en vez de en lo bueno. Jesús dijo: «De la abundancia del corazón habla la boca»[2] y esto es cierto en el matrimonio. Si continuamente enumeramos nuestras heridas y persistimos en tener pensamientos negativos, pronto comenzaremos a usar palabras hirientes. Y el eco dañino de esas palabras persiste por mucho tiempo. Este momento de negativismo puede suceder en cualquier oportunidad, pero hay seis etapas en las que un matrimonio es en particular vulnerable.

1. *Antes del primer aniversario.* Para muchas mujeres, el primer año de casados es el más difícil. Él tiene sus costumbres; ella las de ella. Aprender juntos y desarrollar nuevas costumbres en común lleva tiempo. Cuando se encuentra con la realidad de

tener que convivir con las imperfecciones y los malos hábitos de su marido, una recién casada podría comenzar a pensar que ha cometido un terrible error. Incluso puede sentirse tentada a abandonarlo antes de invertir más en ello.

2. *El primer año del primer hijo.* Criar y cuidar a un recién nacido puede llegar a ser agotador. Para algunas mamás incluso puede llegar a parecer más satisfactorio que las relaciones matrimoniales. Encima de esto, el esposo puede desear más atención o relaciones sexuales de lo que la esposa esté dispuesta o sea capaz de darle. Las rutinas se alteran y él se siente dejado de lado. Cuando él se enoja, ella se aleja emocionalmente de él. Enseguida ambos se ven inmersos en un ciclo de esperar demasiado y obtener muy poco.

3. *La «comezón del séptimo año».* No sucede siempre justo en el séptimo año; pero por lo general sucede entre el quinto y el noveno. Este es el punto en que el matrimonio se vuelve rutinario y ambos sienten que todo ya se da por sentado. El romanticismo comienza a parpadear como la llama de una vela a punto de apagarse y se instalan el aburrimiento y el descontento. Cualquiera de los dos puede comenzar a preguntarse: «¿Y esto era todo?».

4. *Partida del hijo menor.* Prepararse para despedir al último hijo o el primer año del nido vacío, puede ser uno de los momentos de mayor estrés en la vida de una mujer. Esto es particularmente cierto cuando ella ha definido su identidad principalmente a través de la maternidad. Durante este período de ajuste, con frecuencia se siente sola y comienza a buscar algo que convierta su existencia de nuevo en algo significativo. En el proceso de evaluar quién es, qué le gusta hacer y cuáles son sus sueños,

pueden cautivarla planes que funcionarían mejor si no estuviera casada o si su pareja fuera otra clase de persona.

5. *Períodos prolongados de estrés.* Pueden producirse por un revés económico, por la angustia de tener un hijo pródigo, por ocuparse de los padres mayores, por problemas de salud o por períodos prolongados de demasiado trabajo. La esposa a veces está tan agotada que ni siquiera puede pensar u ocuparse de lo que sería bueno para su matrimonio. Sus recuerdos de los buenos tiempos se tornan vagos, la distancia aumenta, y la mujer agobiada está a punto de convertirse en una mujer que se da por vencida.

Preguntas que se hacen

- ¿Qué fue lo que los que los atrajo a tu marido y a ti?
- ¿Por qué se enamoraron?
- ¿Cuál era la conducta de ambos cuando sus relaciones eran sólidas?
- ¿Cuáles fueron los momentos más fantásticos de su relación?
- ¿Cómo tratarías a tu mejor amiga si comenzaras a tener problemas con ella?

DOCTORA LINDA S. MINTLE[3]

Durante épocas como estas resulta sencillo reescribir la historia de tu matrimonio. Los recuerdos de los buenos momentos y las épocas felices van siendo reemplazados por horribles discusiones y desengaños interminables. Si te sientes sin amor, ¿podrá ser tal vez que hayas tomado solo unos pequeños recuerdos de tu corazón y hayas desechado los tesoros?

Volver a enamorarse

Para muchas de ustedes, el camino de perder el amor ha sido largo y no desean ni siquiera intentar volver a amar. Para otras, no es cuestión de reescribir la historia de su matrimonio, sino que la verdad demuestra que los recuerdos tristes sobrepasan a los felices. Sencillamente piensas que cualquier esfuerzo de tu parte no vale la pena. En ambos casos, el amor puede aún crecer y desarrollarse. Lo maravilloso de volver a enamorarse es que no necesitas *sentir* amor al principio. Más bien, *pones en práctica* el amor. Poner en práctica el amor no modifica el pasado, pero a menudo modifica el futuro.

¿Puedes seleccionar algunas cosas positivas para hacer por tu esposo y tu matrimonio? ¿Podrías intentarlo por algunos meses y ver qué pasa? A continuación presentamos algunas formas sencillas para que recuerdes los momentos felices y comiences a demostrar una actitud más positiva.

Formúlate algunas preguntas. En algún momento, es probable que tú y tu marido hayan sido amigos. Recordarlo es un buen punto de partida. Luego, hazte las preguntas del cuadro de la página 65. Primero, respóndelas tú sola y luego, cuando estés lista, comenta tus respuestas con tu esposo.

Fíjate en sus cosas buenas. En mi práctica como consejero (habla Steve), con frecuencia uso una lista de cien atributos positivos. Esta lista contiene palabras como *activo, amable, ambicioso, atractivo, aventurero* y recorre todo el alfabeto hasta virtudes como, *entusiasta, jovial, sabio, valeroso, veraz.* Trata de observar estos atributos positivos en tu marido. Si llevas un diario, te sugerimos que dediques un par de páginas para anotar las cosas buenas que ves en tu esposo cada vez que notes alguna. Cuando te encuentres alabando en tu oración diaria, agradece a Dios que tu esposo tenga estas buenas características. Y no olvides mencionarle a tu esposo también esos rasgos positivos que descubres.

Recuerda los viejos tiempos. Si tienes una colección de fotografías o un álbum familiar, dedica un momento a mirarlas y recordar los buenos tiempos. Piensa en aquellos momentos. ¿Qué sucedía entonces, qué llevabas puesto, cómo estaba el tiempo? Presta especial atención a las imágenes en que tú y tu esposo están abrazados o tomados de la mano. Deja que tu corazón experimente la dulzura de aquellos momentos especiales. Intenta recordar lo que significaban el uno para el otro.

Construye recuerdos nuevos. Si tu esposo está dispuesto, planea una salida solos. Puede ser una caminata a la luz de la luna o ir a algún sitio a tomar algo. Mantén una conversación amena y llevadera. Míralo con ternura y piensa que ese es el rostro que alguna vez amaste. Acaricia su mejilla, recorre con el dedo sus cejas, tómalo de la mano…

Todas estas ideas son solo un pequeño comienzo, como dar los primeros pasos en una nueva senda que esperas que te conduzca a un lugar maravilloso. Más adelante hallarás un capítulo con sugerencias más profundas para «volver a conectarse». Por ahora, lo importante a tener en cuenta es que hubo buenos tiempos en el pasado y que puede haber tiempos mejores en el futuro.

Phillip McGraw, anfitrión del conocido programa de televisión *Doctor Phil*, escribe: «Reúne el valor necesario para ser el primero en tomar la mano de tu cónyuge y decirle: "Quiero que conversemos acerca de volverme a enamorar de ti"»[4].

¿Quién sabe? Estas pueden ser las palabras más importantes que alguna vez le hayas dicho a tu marido.

Algo para que lo intentes

Elige solo una de estas cosas…

- Recuerda las circunstancias cuando tú y tu marido se conocieron. ¿Qué te atrajo de él? La próxima vez que te encuentres con tus amigas, pregúntales cómo conocieron a sus esposos y luego cuéntale tu experiencia.

- Piensa en el concepto que subyace bajo el listado de los cien atributos positivos mencionados en la página 66. Escribe al menos cinco cosas que respetas en tu marido y procura comentárselas a él dentro de los próximos días.

- Dedica un rato a mirar fotografías o álbumes familiares. Elige uno de los mejores momentos que tú y tu esposo hayan disfrutado y responde a las siguientes preguntas:

    - ¿Cuándo fue?

    - ¿Dónde estábamos?

    - ¿Por qué fue tan especial?

- Elige una fotografía de ti y tu esposo. Ve a un local de objetos usados o de artesanías y escoge un bello marco para la foto. Colócalo en un lugar visible para que al verlo recuerdes que puedes volver a enamorarte de él.

Capítulo 5

Cuidemos el tanteador

Cuando estás enamorada pasas por alto cosas que cuando se va el amor te ocupas de citar.

JUDITH MARTIN (SRTA. MODALES)

anoche, Tami y yo (Steve) miramos una repetición de uno de nuestros programas preferidos: *Everybody Loves Raymond*. Este episodio trataba acerca de la boda del hermano de Raymond. La fiesta de bodas se convirtió en un gran fiasco; no accidentes graciosos sino cosas hirientes y sarcásticas que quedaron registradas en el vídeo de la boda. Sin embargo, cuando Raymond brindó por los novios, dio algunos consejos sabios, aplicables a cualquier relación. Dijo algo así como: «El matrimonio está lleno de cosas que en realidad no deseas recordar. Guarda las partes buenas y elimina las malas. Por favor, no guarden las imágenes malas, solo las buenas».

Borrar las partes malas no es tan sencillo. Las mujeres son las más propensas a volver una y otra vez sobre lo mismo; evalúan y clasifican los recuerdos en buenos y malos, positivos y negativos, y de continuo controlan qué pila es la más alta. Este proceso no necesariamente es deliberado o consciente; solo forma parte de una tendencia femenina natural de llevar una cuenta o estadística precisa de la calidad de las relaciones. Incluso los hábitos cotidianos como los modales y la higiene del hombre son subconscientemente evaluados y pueden hacer que una mujer se sienta atraída o sienta rechazo por su marido.

En su clásico *His Needs, Her Needs*, el escritor Willard Harley se refiere a este proceso de evaluación como el banco del amor. Según dice en su libro: «Cada persona hace depósitos o extracciones cada vez que interactuamos con ella. Las interacciones placenteras provocan depósitos y las penosas, extracciones»[1].

Conversaciones en el banco del amor

- ¿Cuál es el regalo más significativo que podría hacerte? ¿Y tú a mí?
- ¿Qué es lo que más te gustaría que hiciera por ti? ¿Y tú por mí?
- ¿Adónde nos gustaría ir en unas vacaciones soñadas?
- ¿Qué podemos hacer para que nuestra relación sea más romántica?
- ¿Cómo puedo hacer que tus sueños se realicen?[2]

Cuando disfrutas de una relación afectuosa y cariñosa, se efectúan frecuentes depósitos en tu banco del amor. El balance es positivo y opinas que tu matrimonio es bueno. Es más, cuanto mayor sea el balance positivo, mejor te sientes. De esta manera, el amor crece. Por otra parte, si te sientes ignorada o maltratada, o sientes que tus necesidades básicas no están cubiertas, es como si se produjeran extracciones de la cuenta bancaria. Si las extracciones superan a los depósitos, el balance es negativo y te sientes enojada, herida o desconectada. Puedes llegar a sentirte una tonta por permanecer en esa clase de relación o tal vez decidas que está bien que sigas adelante siempre y cuando te mantengas emocionalmente distante. Como sea, si el balance es negativo durante mucho tiempo, tu corazón se cierra y el amor comienza a morir.

Todos tenemos un banco del amor pero, como ya hemos dicho, las mujeres suelen mantener un mayor control del estado de la cuenta. Según nuestra experiencia, los maridos pocas veces conocen el balance de la cuenta del banco del amor de su esposa. Ni siquiera conocen el propio. Si tienen conciencia de ello, suelen sobreestimar los depósitos y minimizar las extracciones en la cuenta de su esposa. Esto es lo que sucedía con Jolene y Eddie, una pareja que vino a verme (habla Steve) hace poco en busca de ayuda.

Para lograr lo que uno se propone

No fue idea de Eddie acudir a mi oficina. Cuando Jolene le sugirió por primera vez que buscaran consejo, Eddie no quiso porque él pensaba que ella era la que tenía problemas. Cuando llamé para explicarle que conversar con los dos juntos sería mejor para hallar soluciones, accedió a venir. Se sentó frente a mí con los dientes apretados y con una expresión que a las claras manifestaba lo que pensaba: *Lo he intentado y no hay manera de complacer a esta mujer.*

Jolene lo miraba con los ojos llenos de lágrimas de rabia y decía con tono acusador: «Ni siquiera sabes lo que significa sacarme de veras a pasear. ¡Claro! Fuimos a un hermoso restaurante y gastaste mucho dinero, pero no me hablaste. No hiciste ni un mínimo comentario sobre cómo lucía y no me tomaste de la mano ¡ni por un minuto! En mi opinión, la velada fue un total desperdicio de tiempo y de dinero».

Eddie no se había dado cuenta de que estaba en gran desventaja en lo referente a cubrir las necesidades de su esposa. En su mente, esa salida había sido tan solo eso: una salida. Sin embargo, mientras él saboreaba aquel jugoso trozo de carne, ella solo saboreaba la desilusión. Una vez más, le dio la impresión de que a Eddie no le interesaba ella, ni tampoco sus necesidades ni lo que le importaba.

El criterio de Jolene para evaluar la velada se basaba en su deseo de mantener una conversación significativa y un romanticismo no ligado a la sensualidad. Como Eddie pasaba por alto estas cuestiones con frecuencia, Jolene se sentía que él no se preocupaba realmente por ella. Como resultado de ello, Eddie estaba haciendo frecuentes extracciones del banco de amor de ella y, a medida que el balance se hacía negativo, ella se apartaba de él un poco más. De manera que ella se las arreglaba para estar siempre preocupada mientras Eddie andaba en los alrededores, perdió interés en los pasatiempos que disfrutaban y se molestaba por el tiempo que él dedicaba a sus amigos. Eddie estaba perplejo con los cambios, pero jamás los relacionaba con su propia conducta. Pensaba que formaban parte del misterioso e inexplicable carácter femenino. Él no sabía cómo descubrir lo que ella necesitaba de él, de modo que no alcanzaba a complacerla cada vez que lo intentaba. Luego de aquella salida a cenar terminó tan confundido que se dio por vencido con la esperanza de que *ella* saliera de los problemas.

Para hacerle justicia a Eddie, el sistema «contable» de Jolene estaba dotado de algunas características peligrosas. Si bien es común que las mujeres lleven la cuenta de manera inconsciente, la tendencia a mantener un historial negativo hace que las situaciones difíciles parezcan peores.

¿A qué nos referimos con historial negativo? Es la tendencia a mirar atrás y concentrarse de manera exclusiva en las heridas y las decepciones de tu matrimonio. Cuanto más difícil se torna un matrimonio, más sencillo resulta ver solo las extracciones de amor y ni siquiera notar los depósitos. Unas cuantas acciones malas pueden proyectarse en un modelo infinito de malas conductas. Todo lo bueno que tu esposo hace queda eclipsado por sus errores.

Cuando magnificas los errores de tu marido y minimizas sus fortalezas, pierdes la perspectiva. Incluso puedes llegar a pensar que tu esposo no te ama cuando en realidad te ama muchísimo. Tu infelicidad crónica puede llegar a irritarte también. Como lo expresara el rey Salomón: «El que madruga para el bien, halla buena voluntad; el que anda tras el mal, por el mal será alcanzado»[3].

Las relaciones están llenas de toda clase de recuerdos, tanto buenos como malos o neutros. No obstante, si miras hacia atrás en tu vida a través de unos lentes de negativismo es como si miraras por una ventana sucia: todo parece más oscuro y deprimente de lo que es. Esta clase de cálculo sombrío cierra tu mente a la posibilidad de mejorar, y el futuro de tus relaciones parece una desesperanzadora continuación del pasado.

Todos deseamos que se nos recuerde
por nuestros mejores momentos.

Autor desconocido

Califica con gracia

Todo matrimonio tropieza de tanto en tanto. Uno de los mayores desafíos en esos momentos es que el registro preciso es algo que surge de manera natural, pero la gracia no. La gracia implica dar regalos de misericordia y paciencia cuando estas son las últimas cosas que uno desea dar. En ocasiones implica juzgar a tu marido con menos rudeza de la que se merece y hacer tu mayor esfuerzo para mirar más allá de los recuerdos oscuros que te atormentan.

Cuando estaba (habla Steve) en la universidad, asistí a varias clases de un profesor que era muy respetado no solo por su conocimiento sino también por su amabilidad y consideración. Al comienzo del semestre siempre anunciaba: «Todos comienzan el año con una A como calificación. La tarea de ustedes consiste en conservarla. Tendrán exámenes semanales, pero al final del trimestre les borraré las dos notas más bajas».

Este profesor no era un incauto. Todo lo contrario. Su trato lleno de gracia, por lo general, cosechaba resultados maravillosos por parte de sus alumnos. Hacíamos lo imposible por complacerlo. He visto que esto sucede también en muchísimos matrimonios. Cuando los cónyuges se manejan con un sistema basado en la gracia en vez de mantener un registro exacto de lo sucedido, la felicidad crece de manera increíble.

¿Qué significa esto en la práctica? Aquí van algunas ideas:

Dale a tu esposo (y a ti misma) una nueva oportunidad. Borra de manera consciente el balance negativo en tu banco del amor; es más, ponle algunos puntos a favor. Trata de pensar lo mejor de él. Da por sentado que él desea ser un buen marido. (Y es probable que así sea). Entonces, otórgate a ti misma también un estado de cuenta positivo.

¿Significa esto acaso que podrás olvidar de forma instantánea las heridas del pasado? Claro que no. Sin embargo, hemos descubierto que adoptar esta actitud de «balance positivo» como punto de partida realmente puede producir una diferencia en tu manera de ver tus relaciones.

Esfuérzate por comunicar tus necesidades razonables en forma clara. Explícale por qué son tan importantes para ti y lo que él puede hacer para cubrirlas. Consulta los capítulos 2 y 11 para obtener más ideas sobre cómo hacerlo.

Asegúrate de darle el crédito que merece por los depósitos que haga, incluso por sus buenas intenciones. Celébrale lo que haga bien. No permitas que el historial negativo te enceguezca al punto de no ver los aspectos buenos de tu marido.

Intenta borrar algunos de sus malos desempeños. No sugerimos la negación. Los recuerdos seguirán estando allí; pero puedes optar por no estar obsesionada con ellos y dejarlos correr. Para ver más acerca de dejar atrás las heridas del pasado, consulta el capítulo 7.

Es evidente que al mismo tiempo tu marido tiene cosas que hacer también. Él tiene que prestar más atención a la manera en que su conducta te afecta. Debe aprender a comprender tus necesidades. Y, por supuesto, también tendrá que hacer extensiva su gracia hacia ti.

A sabiendas de que los hombres no son buenos para pedir indicaciones, quizá debas guiarlo un poco en cuanto a esto. Las siguientes preguntas no se las formulará tu marido por propia iniciativa. Te sugerimos que se las muestres en algún momento neutral y le digas que son algunas de las mejores preguntas que él podría formularte de tanto en tanto:

- ¿Cómo marcha nuestro matrimonio?

- ¿Qué necesitas?

- ¿Cómo puedo ser un mejor esposo?

En cuanto tu marido aprenda a realizar más depósitos y tú aprendas a llevar las cuentas con gracia, se asombrarán de la rapidez con la que la cuenta en su banco de amor comenzará a aumentar. Pronto descubrirán que resulta más sencillo seguir el consejo que Raymond le dio a su hermano de conservar solo lo bueno y eliminar lo malo.

«Por favor, no conserves las imágenes malas, solo las buenas».

Después de todo, de eso se trata la gracia.

Algo para que lo intentes

Elige solo una de estas cosas...

- Menciona algunas de las malas imágenes de tu matrimonio que debes borrar y las buenas en las que necesitas concentrarte y celebrarlas.

- ¿Qué has hecho últimamente para efectuar depósitos en la cuenta del banco del amor de tu esposo? Enumera tres cosas que él pudo haber considerado como depósitos.

  _____
  _____
  _____

- ¿Qué has hecho últimamente que significó una extracción de la cuenta del banco del amor de tu esposo? Enumera tres cosas que él pudo haber considerado como extracciones.

  _____
  _____
  _____

- Prepara o compra el postre preferido de tu marido y aparta un momento en el que no habrá interrupciones. Mientras disfrutan juntos del postre, formúlense las preguntas que se indican en «conversaciones en el banco del amor», en la página 72.

Capítulo 6

Lo negativo del divorcio

*Para amarla y cuidarla ... dejando a todas las demás ...
en enfermedad o en perfecta salud ... en pobreza o en riqueza ...
en lo bueno y en lo malo ... hasta que la muerte los separe.*

VOTOS MATRIMONIALES TRADICIONALES

Carla buscó en su cartera y sacó una pequeña fotografía enmarcada tomada hacía doce años. A los catorce años de edad, Carla era más alta que su madre y sumamente atractiva. En la fotografía se veía con una enorme sonrisa en el rostro. Sus dos hermanos menores, sus padres y Carla estaban enfundados con gorros y guantes, apretujados en un portal cubierto de nieve. Las luces navideñas brillaban en las barandas de madera.

Aquella foto era de la última Navidad que la familia pasó unida. Carla recuerda que siempre amó aquella casa. Cuando sus padres se divorciaron, ella y sus hermanos se mudaron cinco veces antes de que ella terminara la secundaria.

A pesar de las numerosas mudanzas, a Carla le fue bien en la escuela. Consiguió terminar su carrera universitaria y disfruta de su profesión. Vive en un agradable condominio y está orgullosa de los muebles usados que ella misma reacondicionó; pero ha puesto su vida personal en compás de espera luego de una serie de penosas rupturas.

La madre de Carla volvió a casarse poco después de su divorcio, pero el matrimonio duró menos de dos años. Su hermano mayor sigue viviendo con ella y se ocupa del jardín y de hacer pequeños arreglos en la casa. Abandonó los estudios y anduvo sin rumbo de un trabajo a otro, prometiendo siempre que retomaría los estudios en algún momento. Su hermano menor vive con su novia en la casa de los padres de la chica. Están ayudando al hermano de Carla y a su hija hasta que puedan juntar el dinero suficiente para casarse y hacerse cargo de su bebé de seis meses.

Carla deslizó suavemente un dedo por el marco y luego alzó la vista mientras comentaba que apenas el día anterior su madre había dicho: «A veces me pregunto cómo habrían resultado las cosas si tu padre y yo siguiéramos casados».

Con la voz temblorosa, Carla dijo: «Yo me pregunto lo mismo».

Ocho resoluciones para tu matrimonio

1. Nunca se ofendan con toda intención
2. Dejen atrás las heridas del pasado
3. Pidan perdón cuando haga falta
4. Promuevan la diversión, el entusiasmo y las sorpresas
5. Bríndense apoyo al estar en público

6. Hablen bien del otro ante la familia o los amigos

7. Procuren verse bien para el otro

8. Nunca empleen la palabra *divorcio*

Investigación reveladora

En el provocativo libro *The Case of Marriage*, Linda J. Waite y Maggie Gallagher reunieron datos científicos contundentes que apoyan la idea de que aun en matrimonios «altamente conflictivos», excluyendo aquellos en los que ha habido abuso, el divorcio crea más problemas de los que resuelve. Una pieza importante de esta investigación indica que los matrimonios altamente conflictivos por lo general mejoran si las parejas permanecen unidas. Es más, 86% de los matrimonios desdichados informaron que pasados cinco años, su pareja pasó a ser mucho más feliz. Esto fue así incluso en los que habían catalogado a su matrimonio como «muy desdichado». Cinco años más tarde, 77% de esas personas habían modificado su respuesta por «muy feliz» o «bastante feliz»[1].

Linda Waite, profesora de sociología de la universidad de Chicago, resume estos descubrimientos al afirmar: «El que ahora no se lleven bien no quiere decir que si se divorcian las cosas resultarán mejor. Ni tampoco las cosas seguirán mal si permanecen juntos. Las posibilidades de qué empeoren son bajas y las de que mejoren son abrumadoras»[2].

Esa investigación es portadora de buenas noticias. El ideal de Dios para el matrimonio siempre ha sido un hombre y una mujer para toda la vida.

¿Y qué de ti?

Si te hallas en el punto en que tu corazón está prácticamente cerrado para tu esposo, es probable que te cueste aceptar este capítulo. Quizá luches con pensamientos como: *Dios quiere que sea más feliz de lo que soy. Una vez que nos divorciemos, los niños se acostumbrarán. A la larga, todos estaremos mejor.* Pero la verdad desnuda es que el divorcio es una tragedia con repercusiones dolorosísimas para todos los que se hallan afectados. Y lo que es más importante, las ventajas jamás compensan el impacto negativo que produce.

El divorcio es espantoso aun cuando sea entre dos personas agradables. El concepto de un «buen divorcio» es definitivamente un oxímoron. Ya sea el hombre el que se marcha o la mujer la que se va, la verdadera naturaleza del divorcio coloca a la pareja en una posición antagónica que los obliga a ambos a fijarse en sus propios (y frecuentemente egoístas) intereses. Por supuesto que este accionar se halla en directa contraposición a los votos matrimoniales de honrar y cuidar al otro tanto en la alegría como en el dolor.

Antes de que continuemos avanzando con este capítulo, por favor, dedica unos momentos a leer con cuidado la breve lista que comienza en la página 82, llamada «Ocho resoluciones para tu matrimonio»[3]. Cada uno de los puntos es vital para mantener tu matrimonio saludable y vivo. Sin embargo, en este momento te recomendamos que prestes atención a las últimas cinco palabras: «Nunca empleen la palabra *divorcio*».

Esta es una promesa que Tami y yo (Steve) nos hicimos hace años. Fue también una promesa que le hicimos a nuestros hijos un domingo por la mañana sentados alrededor de la mesa. El día anterior, nuestra hija Brittany y una amiga habían estado conversando sobre lo difícil que sería si sus padres se divorciaban y tuvieran que elegir entre vivir con el padre o con la madre. Cuando escuchamos eso, reunimos a nuestros hijos y les prometimos que pasara lo que pasara, jamás usaríamos la palabra *divorcio* en nuestro matrimonio.

Me gustaría animarte a ir un paso más allá: nunca te permitas siquiera *ni pensar* en el *divorcio*.

Las mortales secuelas del divorcio

Existen numerosas razones por las que creemos que el divorcio es una elección que luego se lamenta. A continuación presentamos las seis más comunes que hemos hallado en nuestra investigación.

1. El divorcio deja a tus hijos desolados. Aunque es común pensar que los niños son fuertes y tienen un alto poder de recuperación luego del divorcio, diversos estudios recientes revelan que el divorcio deja en los hijos heridas de por vida. La realidad indica que los niños (no importa la edad que tengan) son las víctimas inocentes del divorcio y muchas veces se culpan por el fracaso matrimonial de los padres. Al mismo tiempo, pierden la presencia constante de uno de los padres. Pueden también perder su casa, su iglesia, su nivel de vida, el sentido de que la vida es segura y los modelos de amor eterno y relaciones saludables. En consecuencia, los hijos del divorcio tienen una mayor probabilidad de ser víctimas de abusos, de tener problemas en la escuela, de luchar con la depresión, de actuar con violencia, de involucrarse en la promiscuidad, de caer en adicciones, de fracasar en su matrimonio y de rechazar la fe de sus padres[4].

2. El divorcio confunde y desconecta también a otras personas. Los miembros de la familia y los amigos sienten que deben tomar partido, y creen que están siendo desleales si continúan amando y respetando al otro cónyuge. «Tengo el corazón destrozado», comentaba la madre de una mujer que había dejado al marido. «La amo muchísimo, pero ella jamás comprenderá lo difícil que esto es para mí». Muchas veces, la extraordinariamente valiosa interacción entre abuelos y nietos se ve comprometida y arruinada.

3. El divorcio es un desastre financiero... en especial para las mujeres. Es evidente que para una pareja o una familia es más costoso vivir separados que juntos. En ocasiones, deben vender la casa y dividirse los bienes. Sumado a esto están los honorarios de abogados. De manera que desde el punto de vista estrictamente económico, el divorcio no tiene sentido. El impacto en la autoestima de todos y el ajuste en la calidad de vida es mucho más serio de lo que la mayoría de las mujeres alguna vez consideraron posible. Como las mujeres por lo general conservan la custodia de los hijos y suelen ganar menos que los hombres, la mayoría de las mujeres divorciadas experimentan una caída drástica en su nivel de vida (alrededor de 27% mientras los hombres ganan alrededor de 10%)[5].

Una persona lo resume de la siguiente manera: Cuando uno piensa en los miles de dólares que una pareja gasta en el divorcio, cuánto mejor es que gastara ese dinero en asesoramiento matrimonial y en intentos de reconciliación. Otro opina: «El divorcio es mucho más devastador desde el punto de vista económico de lo que la mayoría de las mujeres siquiera imagina. Lo digo por experiencia».

4. Es raro que el divorcio solucione el problema. Resulta tentador creer que el divorcio es más sencillo que mantener a la pareja unida; pero no es verdad. Separarse rara vez soluciona los problemas; los llevamos con nosotros como pesadas maletas. Si tienes problemas de comunicación en tu matrimonio, lo más probable es que sigas teniendo problemas para comunicarte. Si hay problemas en la intimidad del matrimonio, esos problemas te seguirán cuando ya no estés casada.

Más allá de lo penosa que sea tu relación, tienes una oportunidad. Puedes permanecer casada y ocuparte de los temas desde donde estás; o puedes marcharte y ocuparte de los mismos temas pero desde otro lugar. Eso sumado a todo el dolor y la devastación que crea el propio divorcio.

Los verdaderos triunfadores en la vida son las personas que enfrentan cada situación con la expectativa de que pueden solucionarla o mejorarla.

Barbara Pletcher[6]

5. El divorcio te predispone a repetir los problemas. Puede resultar tentador, en los últimos tiempos de un matrimonio conflictivo, suponer que las cosas marcharán mejor con otra persona. Sin embargo, las investigaciones demuestran lo contrario. La verdad es que los segundos matrimonios tienen un porcentaje de fracaso de 60%[7]. Y dicho porcentaje aumenta de forma exponencial con el tercer y el cuarto matrimonio. Con demasiada frecuencia las quejas que se escuchan acerca del primer matrimonio son las mismas que se desarrollan en las relaciones subsiguientes.

6. El divorcio con frecuencia debilita tu fe. Sabiendo que Dios aborrece el divorcio[8] (en especial cuando no hay un justificativo bíblico), no es raro que una mujer que se separa se distancie de la iglesia y de los amigos cristianos. Al tambalearse su orgullo y su autoestima, puede convertirse en una brasa apartada del fuego y su fe se enfriará poco a poco.

La escuela de la vida, así también como muchos pasajes de la Biblia, nos enseñan que las dificultades nos ayudan a crecer. Sin embargo, alejarnos de nuestros problemas por lo general produce lo contrario. Promueve la inmadurez porque escapamos a los desafíos y al rudo trabajo de la perseverancia y la paciencia. Sí, es natural buscar una salida cuando enfrentamos la adversidad, pero la decisión de permanecer firme edifica el carácter y nos ayuda a descubrir la enorme fidelidad de Dios. Dios ha puesto eternidad en nuestros corazones[9], y Él nos está preparando para estar *allá* en vez de darnos lo que nosotros llamamos felicidad *aquí*, en la tierra. Es una pena que la decisión entre la felicidad y la piedad no siempre es fácil.

Reconocemos que algunos de los que están leyendo este capítulo pueden estar en circunstancias tan atroces y graves que deben separarse. Si esto es así, si han analizado en detalle y en oración sus opciones, si han buscado consejo, si han hecho todo lo posible para hacer que su matrimonio funcione, entonces no deseamos adoptar una postura de juicio. El camino que tienes por delante es duro y esperamos que te apoyes en el Padre celestial que te ama a pesar de todo, para que te consuele, te guíe y te ayude a crecer a través de esta nueva clase de adversidad.

Sin embargo, antes de que llegues a ese punto, nuestra oración es que pienses mucho en las consecuencias del divorcio. Hemos descubierto que las personas que piensan en separarse por lo general minimizan las consecuencias del divorcio. Creen que pueden vencer las probabilidades y hacer que el nuevo matrimonio funcione, que sus hijos atravesarán el trauma del divorcio sin ninguna herida. Racionalizan sus creencias morales y religiosas diciendo que Dios desea que ellos sean felices y, sin embargo, toman una decisión que deja un tendal de angustia para todos.

A lo mejor piensas que hace falta un milagro para solucionar tu matrimonio. Dios es un Dios de milagros y no hay nada imposible para Él. Con su divina ayuda, podrás no solo sobrevivir sino desarrollarte y prosperar en tu matrimonio.

La Biblia dice que dejamos una herencia para los hijos de nuestros hijos[10]. Si rompes tu matrimonio en forma deliberada y renuncias a los votos que hiciste el día de tu boda, dejarás una herencia de pesar. No conocemos a nadie que se sienta orgulloso de su divorcio.

En cambio, si permaneces unida en matrimonio y con la ayuda de Dios este continúa, piensa en la maravillosa herencia que estarás dejando para los demás: un legado de fe y de fidelidad. Se trata de un rico y valioso regalo para traspasar a las generaciones futuras.

Algo para que lo intentes

Elige solo una de estas cosas…

- Escribe las frases de los votos matrimoniales que recuerdes. Luego, elige la afirmación que a tu criterio mejor describe lo que consideras que son los votos matrimoniales:

  - Un pacto con Dios
  - Un compromiso entre ambos
  - Una tradición matrimonial
  - Una fantasía romántica

- En este capítulo se enuncian seis razones basadas en la investigación de por qué el divorcio puede ser causa de pesar. ¿Hay algunas que te preocupan más que otras?

- ¿Cuál de las «ocho resoluciones para tu matrimonio» de las páginas 82 - 83 son las que te resulta más sencillo cumplir? ¿Cuál es la más difícil?

- Esta noche, antes de ir a dormir, dedica unos momentos para anotar cuatro o cinco cosas por las que te sentiste agradecida durante el día. Si por lo regular registras motivos de gratitud, relee algunas de tus últimas anotaciones para poder tener un agradable despertar.

Capítulo 7

Es tan doloroso...

*Dios protege nuestro corazón dolido
con suaves almohadas de consuelo y esperanza.*

Judy Gordon[1]

Una de las películas destacadas del 2003 fue *Bruce Almighty* [Como Dios], protagonizada por Jim Carrey. En la trama, el personaje que encarna Jim está demasiado confiado en la relación con su novia (representada por Jennifer Aniston), no tiene en cuenta sus sentimientos y la hiere en lo más hondo. En una conmovedora escena, Jennifer pide a Dios que le quite el sentimiento de amor que tiene por él. Ella le ruega a Dios que la ayude a dejar de amar a Jim porque amarlo le produce muchísimo dolor.

El amor no es fácil. A veces descubres que cuanto más te ocupas, más herido sales. Es más, las relaciones pueden estar tan llenas de desilusión que te sientes desanimado la mayor parte del tiempo. Incluso puedes llegar a desear no haber conocido jamás a tu marido, no haberte enamorado y, por supuesto, no haberte casado. Cuando las lágrimas y la angustia llenan tus horas, también tú podrías desear no seguir amando a este hombre que tanto daño te causa.

Emociones poderosas

Las emociones en sí mismas no son ni buenas ni malas. Solo existen. Nuestros sentimientos nos permiten saber que estamos vivos y que nuestro corazón se siente afectado por lo que sucede a nuestro alrededor. Sin embargo, las emociones negativas pueden llegar a abrumarnos, en especial cuando nuestro matrimonio está en problemas. Una de los motivos es la cercanía de la relación entre cónyuges. El tiempo que pasan juntos, la intimidad que comparten y lo que has invertido en tu relación te convierten en una persona más vulnerable a los altibajos emocionales. Según sea el actuar o las actitudes de tu marido, puedes sentir una maravillosa paz o un dolor atroz en cuestión de horas, o de un momento al otro.

Es importante darse cuenta de que todo matrimonio tiene heridas que si no se atienden se acumulan e intensifican alimentando así tanto el enojo como la depresión. Pueden transformarse en una obsesión preocupante, un ansiosa obsesión que te conduce a pensar que la única manera de sobrevivir es alejarte de la persona que ocasiona ese dolor.

Si bien las palabras del rey David no estaban referidas al matrimonio, sus emociones pueden parecerte conocidas. Cuando las cosas se pudieron difíciles, aun un rey pensó en claudicar:

> Se me estremece el corazón dentro del pecho,
> Y me invade un pánico mortal.
> ¡Cómo quisiera tener las alas de una paloma
> y volar hasta encontrar reposo!
> Me iría muy lejos de aquí; Me quedaría a vivir en el desierto.

Presuroso volaría a mi refugio,
Para librarme del viento borrascoso y de la tempestad[2].

En muchos sentidos, las emociones dolorosas pueden ser más hirientes que una lesión física. Nuestra amiga Keely escribe lo siguiente: «Cuando estás dolida, sientes como si el corazón fuera a partirse en mil pedazos o como si fuera a detenerse». Algunos de los pacientes que atiendo en mi oficina (habla Steve) afirman que hay momentos en que sienten tal dolor y angustia que creen volverse locos o incluso que pueden llegar a morir. No sorprende entonces que su primer pensamiento sea el de escaparse de alguna manera, de cualquier manera. Las emociones pueden ser tan intensas que distorsionan tus pensamientos y te tientan a considerar opciones irracionales, insalubres o que están en directa oposición a tus más sentidos valores.

> Como todo el mundo, tengo días en los que el desánimo parece poseerme.
>
> En esos momentos intento recordar que el Señor me ha provisto de una fuente de continua esperanza e inspiración.
>
> Para aprovechar dicha fuente solo necesito buscar en las páginas de mi Biblia, la carta de Dios que tiene esperanza para mí.
>
> Shirley Dobson[3].

Cientos de distintas acciones y actitudes pueden desencadenar heridas en un matrimonio. Las mujeres a las que entrevistamos para escribir este libro mencionaron la insensibilidad, la mala memoria, el descuido, la mezquindad, la falta de respeto, la traición y otras. Cada situación es única, y resulta interesante observar que lo que hirió profundamente a una, ni siquiera le molestó a otra. Sin embargo, todas las mujeres que se dieron por vencidas y se separaron o están considerando hacerlo dijeron que estaban pasando por un gran dolor emocional. Si ese dolor no se atiende de inmediato, puede propagarse con rapidez, como un cáncer agresivo, a las siguientes cinco facetas de tu matrimonio.

1. Confianza. Te cuesta relajarte con tu esposo y ya no parece ser tan confiable como solía ser. Comienzas a cuestionar sus capacidades, sus acciones y sus palabras.

2. Sueños. Dejas de hacer planes y pierdes interés en los sueños que alguna vez compartieron. Incluso puedes tener dificultad para imaginar un futuro juntos.

3. Reconocimiento. Los gestos y rasgos de la personalidad que alguna vez consideraste positivos perdieron su valor; lo que alguna vez te pareció encantador o te entusiasmaba ahora parece apagado y aburrido. Incluso puedes descubrir que te molesta o desprecias lo que alguna vez te gustó. Resulta dificultoso poder ver lo bueno en tu marido y en la vida que construyeron juntos.

4. Libido. La atracción física por tu esposo se esfuma y desaparece el interés por cualquier tipo de contacto sexual. Sus manifestaciones de afecto te resultan fastidiosas y desagradables. Puedes acudir a toda clase de excusas para evitar cualquier tipo de romanticismo o puedes complacerlo mecánicamente.

5. Amor. El sentimiento de amor se ve reemplazado por la apatía y el resentimiento. Podrías afirmar que sigues amándolo o que tienes intenciones amorosas, pero no lo sientes así. Si eres sincera contigo misma deberías reconocer que estás tan enojada o desilusionada que no tienes ningún sentimiento tierno hacia él.

Como limpiar la casa

En cierta manera, el dolor emocional en una relación es como el polvo en tu casa. Por un lado, es inevitable; por el otro, puede llegar a acumularse con rapidez si no se elimina con frecuencia. Y cuando las heridas se instalan en tu matrimonio como el polvo sobre los muebles, no sirve de nada que no le prestes atención ni que te quejes de la frecuencia con la que debes limpiar. No obstante, así como una casa sucia no implica que debas mudarte, las heridas no significan que debas abandonar a tu marido. ¡Lo que tienes que hacer es limpiar la casa! Eso significa que tienes que enfrentar las heridas con sinceridad, sin exagerar, sin negación y, de ser posible, sin acusaciones. A continuación se enuncian cuatro pasos para comenzar el proceso de limpieza:

1. Presta atención a la fuente de tu dolor. Tus emociones son importantes, pero no siempre son certeras. El que te sientas herida no implica necesariamente que tu marido hizo algo malo. Siempre es posible que lo hayas malinterpretado o que una observación o acción inocente de su parte haya hecho estallar tus inseguridades. Tu herida puede también ser desmedida en relación a la ofensa debido a alguna cuestión sin resolver en tu familia de origen o por alguna relación previa que nada tiene que ver con tu matrimonio.

Cuando te sientas dolida, es buena idea pensar un poco antes de reaccionar acorde a tus sentimientos. Analiza lo siguiente: «¿Es un tema que realmente me importa? ¿Se trata de él o de mí?».

2. Decide dejar de lado las ofensas menores. Aunque tu marido sea responsable de tu sufrimiento, no toda herida merece una confrontación. Tu esposo es un ser humano y por lo tanto tarde o temprano va a molestarte o decepcionarte de muchas pequeñas maneras. Tú también lo harás. Podrías evitarte mucho dolor si sencillamente aceptaras que las pequeñas heridas son parte de cualquier relación y no las tomaras como algo personal. Si te permites desanimarte por las pequeñeces, tu vida será deprimente. Tiene sentido que dejes pasar todo lo que puedas.

Cuando tomas la decisión de dejar de lado una herida, asegúrate de realmente dejarla pasar. No es justo que acumules las heridas para luego esgrimirlas más adelante como si fueran armas. Si algo te ha herido tanto como para que lo guardes en la memoria, mejor será que te ocupes del asunto directamente y tan pronto como sea posible.

3. Perdona las heridas más importantes. Sabemos que perdonar no es sencillo, en especial cuando las heridas son profundas o continúan. Perdonar a tu marido puede ser como renunciar a una parte de ti. Sin embargo, es difícil subestimar el poder del perdón en el matrimonio. Puede ser una fuente de maravillosa libertad porque cuando eliges perdonar, liberas una nueva energía y vitalidad en tu vida. Además estarás modelando cómo deseas que tu esposo reaccione cuando tú tropieces o caigas. Quizá la mejor de las razones para perdonar sea que Dios nos pide que lo hagamos y que Él nos perdonó primero: «Sed más bien amables unos con otros, misericordiosos, perdonándoos unos a otros, así como también Dios os perdonó en Cristo»[4].

¿Cómo haces para perdonar a tu marido? El cuadro de las páginas 98 describe un proceso que nos parece útil. Hablaremos más acerca del perdón en el capítulo 16. Mientras tanto, recuerda que albergar amargura y enojo contra tu marido te lastima más a ti de lo que lo lastima a él. Además socava tus relaciones matrimoniales y puede dañar tu relación con Dios. Más allá de lo que decidas acerca de tu matrimonio, el camino del perdón es el único camino confiable que conduce a la paz.

4. Dale una oportunidad de reparar el daño causado. Hay ocasiones en que tu marido te lastimará sin querer. Otras veces, atacará intencionalmente debido a su propio dolor. De cualquier manera, no le ocultes que eso te hiere. Trata de no acusarlo ni culparlo, sino ayúdalo a comprender lo profundo que te ha afectado su proceder. Exprésale de manera específica lo que él puede hacer para sanarte y seguir adelante, ya sea pedir perdón, un acto de restitución o un plan serio que demuestre cómo él podría evitar la repetición de ese dolor causado.

Este último punto requiere que reflexiones un poco; por eso es tan importante el primer punto. Antes de que puedas hacerle comprender a tu marido lo que ha hecho y de qué manera puede resarcir el daño, tienes que comprenderlo tú misma. No hay problema en que esperes un poco para tocar el tema mientras piensas en ello; pero no permitas que pensarlo sea una excusa o un sustituto a la resolución del problema.

El proceso del perdón

Paso 1: *Enfrenta el dolor.* Esto podrá sonar extraño, pero el primer paso para perdonar a una persona es reconocer cuán enojado y herido estás en realidad.

Paso 2: *Exprésalo.* Explica tu perspectiva y tus sentimientos con toda la calma que puedas e invita a que tu esposo haga lo mismo. Escúchalo. Conocer su punto de vista no disminuye el dolor, pero puede ablandar tu corazón y ayudarte a perdonar.

Paso 3: *Recuerda por qué es importante perdonar.* Jesús desea que perdones a los demás; no porque lo merezcan ni tampoco porque el perdón sea bueno para ti (y de hecho lo es); sino porque Él te perdonó primero.

Paso 4: *Elige el perdón.* Esto significa que tomas una decisión voluntaria por la que en forma deliberada dejas de lado tu derecho a hacer que tu marido pague por las heridas que te ha causado.

Paso 5: *Deja el dolor atrás.* No es necesario olvidar y quizá sea imposible; pero necesitas dejar de recordar el dolor una y otra vez. Cuando aparezcan los recuerdos (y lo harán), toma la decisión de dejarlos de lado para concentrarte en otras cosas.

Paso 6: *Sé paciente durante el proceso.* El perdón no es una proposición sencilla que se toma una vez y para siempre. Si has sido profundamente herida, quizá tengas que pasar por todo el proceso más de una vez. Con la ayuda de Dios lo lograrás y tu recompensa serán la paz y la libertad.

Paso 7: *Perdónate a ti misma.* Es difícil perdonar a los demás si no puedes perdonarte a ti misma. Aunque creas que los secretos que cargas sobre tu corazón y que te producen culpa son demasiado terribles como para recibir perdón, extiende sobre ti la misma gracia que intentas prodigarle a tu esposo. Esa gracia Dios ya la ha extendido sobre ti[5].

Las cuatro «A»

Hay veces en que tu dolor es tan grande que parece imposible no tenerlo en cuenta o perdonarlo, y un arreglo parece algo fuera de consideración. Hay heridas que significan una traición tan grande que tienes deseos de correr a toda velocidad sin mirar atrás. Como explicamos en el capítulo 1, creemos que las heridas más dolorosas provienen de «las cuatro A»: abandono, abuso, adicciones y adulterio. Estas situaciones tan serias son con frecuencia (y con razón) las que inician una ruptura matrimonial.

Tu historia personal y las heridas pasadas influirán en tu capacidad para atravesar cualquiera de estas cuatro A, y por supuesto, tu respuesta diferirá según cuál sea la A del problema y si quien comete la ofensa eres tú o tu esposo. En lo que sigue daremos por sentado que tu esposo es el que te ha lastimado, pero ten en cuenta que también las esposas pueden inferir esta misma clase de heridas profundas a sus maridos. (Consulta el capítulo 14 en referencia a dichas situaciones).

El interrogante clave de si tu matrimonio podrá recuperarse de una de las cuatro A dependerá de su actitud hacia lo que ha hecho. No se trata de que sea despiadado y cruel ni de que sea un incauto. Nos referimos a la magnitud de su arrepentimiento y la fortaleza de su compromiso a cambiar.

Los hombres duros de corazón son autoabsorbentes y tienden a excusarse, a justificarse o a fanfarronear por lo que han hecho. Aunque pueden experimentar períodos de culpa, de arrepentimiento y de promesas sinceras de «no lo voy a hacer más», su compromiso al cambio no es suficientemente firme para superar los patrones de conducta arraigados; en especial en los casos de adicción y abuso.

Un hombre con el corazón blando, por el contrario, estará profundamente arrepentido y comprometido a cambiar; en especial al comprender cuánto te ha lastimado. Deseará con todas sus fuerzas poder ser un esposo proveedor, amoroso y sano. Un esposo con el corazón blando se lamentará mucho por sus errores y por el dolor causado. Y por lo tanto manifestará mucho más que buenas intenciones, promesas y pedidos de perdón. Hará todo lo que sea posible para recuperarte.

No siempre es sencillo saber si el corazón de un hombre se ha ablandado verdaderamente. En las situaciones de las cuatro A, te sugerimos que seas muy cauta a la hora de confiar con demasiada rapidez. Trata de mantener el corazón abierto a la posibilidad de cambio, pero toma tu tiempo para observar si las buenas intenciones son confiables. Además, como estás tan involucrada en lo emocional con tu esposo y sus luchas, necesitas alguien con sabiduría y experiencia que te guíe y te ayude a mantener la perspectiva.

Si te enfrentas a alguna de las cuatro A en tu matrimonio, te sugerimos que recurras a un pastor o a un asesor espiritual de inmediato y luego, de ser posible, consultes a un consejero o profesional capacitado para desarrollar un plan que te permita enfrentar la situación. (Si el problema es el abuso físico y sientes que tú o tus hijos corren peligro, lo primero que debes hacer es abandonar la casa y hallar un lugar seguro —que incluso puede ser la estación de policía o el cuartel de bomberos— antes de seguir adelante).

Lo que hagas a continuación dependerá de tu situación en particular y del asesoramiento del consejero; pero una de las posibilidades es la de escribir una carta fuerte a tu esposo en la que describas la ofensa y el impacto que ha tenido en tu matrimonio. Incluye en la carta lo que necesitas ver que tu esposo haga para ocuparse de sus asuntos personales y reconocer el daño que ha causado al matrimonio. Como cualquiera de las cuatro A destruye la confianza en un matrimonio, la restauración no podrá producirse hasta que él primero reconozca la seriedad de lo que ha hecho.

En esta carta necesitarás incluir acciones específicas que servirán de indicadores de si él está o no dispuesto a cambiar. Si la traición es el abandono (ya sea físico, económico o emocional), ¿qué debe hacer para probarte que está dispuesto a unirse a ti nuevamente con amor y amabilidad? Si el problema es abuso físico, ¿qué está él dispuesto a hacer en cuanto a reunirse con un grupo de manejo del enojo, a solicitar ayuda profesional, a indagar las raíces de su problema y a separarse hasta que el abuso se resuelva al punto de que no exista peligro? Si el problema es una adicción, ¿qué está dispuesto a hacer para comprometerse a largo plazo con un grupo, un programa o un plan que asegure toda una vida de abstinencia cualquiera que sea su adicción? Si el problema es una aventura amorosa, ¿qué está dispuesto a hacer para que esto no vuelva a suceder? ¿Va a cortar *todo* contacto con esa persona, a rendir cuentas a alguien, a volver a comprometerse con su matrimonio y a reconstruir la confianza básica que cualquier relación saludable necesita?

La respuesta de tu marido a esta carta y su disposición a acceder a tus pedidos específicos te darán una idea de si puedes seguir adelante con la relación. Aun así, necesitarás el apoyo de un consejero y de amigos afectuosos que te acompañen durante el proceso de restauración.

Si bien cualquiera de las cuatro A te colocan en una situación difícil, por favor, intenta permanecer abierta a la posibilidad de cambio. Sabemos que tu vida está destrozada y que te sería fácil cerrar tu corazón para protegerte de heridas mayores. Necesitas ser sabia y realista, pero cerrar tu corazón por completo también cerrará la puerta a la esperanza.

Conocemos muchos matrimonios que han sobrevivido al penoso dolor de la traición, y permitieron que el amor y la confianza volvieran a crecer de manera maravillosa. También conocemos parejas en las que uno de los cónyuges estaba tan aferrado a su conducta que la otra parte no tuvo más opción que marcharse. Sentimos un gran dolor en el corazón por aquellos que han experimentado el dolor espantoso del abandono, el abuso, las adicciones o el adulterio. Sin un milagro, algunos matrimonios parecen estar demasiado destruidos para arreglarse; pero muchos otros pueden sobrevivir si el esposo y la esposa se comprometen sinceramente a sobreponerse juntos a las heridas.

El alma no tendría arco iris
si los ojos no tuvieran lágrimas.

John Vance Cheney

La huida

En nuestra experiencia de ayudar a las parejas, hemos descubierto que las heridas desatendidas y no curadas es la parte más difícil en la restauración de una relación. Sin embargo, no importa cuán difícil pueda ser el proceso casi siempre habrá una mejor opción que darse por vencida. Las heridas sin resolver permanecen aferradas a tu corazón aun cuando crees que estás huyendo de ellas.

Natalie estaba ocupándose de una profunda herida en su matrimonio. En este día en particular se veía cansada, la tensión se le notaba en el rostro.

—¿Alguna vez pensaste en marcharte? —le pregunté (habla Steve). Ella se sonrojó y murmuró que no lo sabía. Permanecí sentado en silencio, dándole tiempo para procesarlo, sin presionarla, mientras las lágrimas le corrían por las mejillas. Luego de unos minutos me preguntó:

—¿Y usted qué pensaría si yo le digo que sí?

—¿Alguna vez tus hijos pensaron en escaparse?

Ante esta pregunta sonrió ligeramente y comentó:

—Claro… ¿qué niño no lo ha considerado alguna vez?

—Creo que tienes razón —le respondí—. Y es probable que la mayoría de las mujeres también lo piensen. Sin embargo, los niños apenas se alejan se dan cuenta de que huir les creará más problemas de los que resuelve. Es cierto, pueden llegar a armar una maleta y caminar hasta la esquina. No obstante, en cuanto se sientan a considerarlo por un momento, por lo general regresan a casa.

Observé que Natalie inspiró profundamente y dejó salir el aire con lentitud antes de responder.

—Bien, he pensado en marcharme y llegué a la misma conclusión de un niño. Huir suena bien; pero cuando comienza a oscurecer y te sientes solo, el hogar tiene sus ventajas.

Algo para que lo intentes

Elige solo una de estas cosas…

- Piensa en algunos de los sucesos dolorosos de tu infancia o adolescencia. Analiza si alguno de estos hechos podría estar influyendo tus sentimientos hacia el matrimonio.

- Enumera tres heridas leves que necesitas dejar de lado.

  _____
  _____
  _____

  ¿Qué es lo que te impide hacerlo?

- Enumera tres heridas más graves que necesitas perdonar.

  _____
  _____
  _____

  ¿Qué es lo que te impide hacerlo?

- En algún momento de la semana, mientras estés con alguna buena amiga, conversa sobre las veces en las que en tu vida deseaste escapar (desde la infancia hasta el día de hoy). Pregúntale si ella ha experimentado algo similar y comenten cómo se sintieron, qué produjo ese sentimiento, cuánto tiempo duró y cuáles fueron los resultados.

Capítulo 8

Estoy tan enojada que podría...

El enojo es una espina en el corazón.

Proverbio yiddish

durante nuestros primeros años de matrimonio, una de las maneras en que yo (Alice) manejaba las discusiones con mi marido era «castigarlo» con un violento arrebato de las palabras más hirientes. Luego, antes de que Al pudiera responder, cerraba la puerta de la calle de un portazo, me subía al automóvil y me marchaba. A veces manejaba durante horas, siempre con la intención de no regresar jamás. Ahora, treinta años más tarde, me pregunto qué habrá pensado la gente cuando escuchaba chirriar los neumáticos en la esquina y veía la cara trastornada de una joven rubia que le gritaba al parabrisas.

Una vez que se me pasaba el enojo, regresaba a casa y conversábamos. Hubo ocasiones en que era difícil definir qué era lo que había provocado semejante arrebato. Por lo general, la discusión se iniciaba con algo trivial, y lo próximo que recordaba era que me encontraba descontrolada enumerando una serie de heridas del pasado. El resentimiento ardía en mi corazón de manera que en un instante, soltaba una chispa de emoción que encendía mi enojo.

Cómo comprender el enojo

El enojo en sí mismo, al igual que las demás emociones, no es ni bueno ni malo. Solo existe. Dios nos dio el sentimiento del enojo para advertirnos cuando algo amenaza nuestro bienestar físico o emocional. El enojo estimula la producción de adrenalina, lo que nos permite defendernos o escapar.

Los famosos escritores Gary Smalley y John Trent lo describen de la siguiente manera:

> Cuando una persona se enoja, su cuerpo se coloca en «alerta extrema». Cuando el cerebro recibe el mensaje de que existe una situación estresante, no formula preguntas sino que reacciona. Tu cuerpo puede emitir tantos químicos e interrumpir tantas funciones corporales cuando te enojas con tu cónyuge, como si estuvieras siendo atacado por un animal salvaje[1].

La respuesta del enojo que describen Smalley y Trent puede llegar a ser una fuerza positiva que provee la energía y la motivación que precisamos para realizar transformaciones necesarias en nuestra vida. Sin embargo, ese mismo enojo, si se maneja mal, puede convertirse en destructivo. Puede ser que arremetamos contra alguien y salga herido o que lo dirijamos hacia dentro en forma de depresión. Puede salirse de control y hacer que hagamos cosas de las que luego nos arrepentimos o puede hervir por dentro y causarnos una enfermedad. Lo peor de todo es que puede hacer que cerremos la puerta de nuestro amor contra quien más deberíamos amar.

Signos de alerta de enojo

¿Te cuesta darte cuenta de que estás enojada? (A muchas mujeres les sucede). Aquí enumeramos algunas señales importantes a las que hay que prestar atención.

- ¿Haces observaciones sarcásticas o se te «escapan» palabrotas?

- ¿Acaso con frecuencia te sientes físicamente tensa o experimentas una aceleración del pulso, manos frías, dolor de mandíbula o aprietas los dientes?

- ¿Te recrimina la gente por responde con brusquedad?

- ¿Suspiras con frecuencia o te sientes deprimida?

- ¿Están tus hijos o tu marido siempre haciendo algo que está mal hecho?

- Te preguntan tus familiares o amigos con frecuencia: «¿Por qué estás tan malhumorada?».

- ¿Alguna vez rompiste algo por estar enojada?

- ¿Percibes con frecuencia que otras personas están enojadas contigo?[2]

Como muchos cristianos ven solo el aspecto negativo del enojo, niegan la lucha que tienen en ese aspecto. Entonces, encubren sus emociones bajo palabras más aceptables como *confundido, estresado, irritado, frustrado o incomprendido*. Pueden apretar los dientes, sonreír y proclamar que está todo bien. Incluso pueden engañarse a sí mismos al punto tal que ni siquiera pueden percibir su propio enojo. El problema es que pasar por alto el enojo o hacerse uno de cuenta de que no existe no hará que se vaya; esa actitud sencillamente lo esconde bajo tierra hasta que surge en forma abrupta e inapropiada, como una explosión de furia, un ardid pasivo-agresivo, o incluso una apoplejía o un ataque al corazón.

Cuando el apóstol Pablo advierte: «Airaos, pero no pequéis; no se ponga el sol sobre vuestro enojo ni deis oportunidad al diablo»[3], no se refiere a que tengamos que reprimir todo dentro de nosotros. El enojo hay que manejarlo, no negarlo ni enterrarlo, ni tampoco debe usarse para arremeter contra el primer inocente que se cruza y, por supuesto, no se le debe dar rienda suelta en toda su fuerza destructiva contra nuestro esposo y los votos matrimoniales.

Los cuatro jinetes

En su libro *Why Marriages Succeed or Fail*, John Gottman escribe acerca de cuatro formas de expresar enojo que pueden destruir la esencia de un matrimonio. Las llama: «los cuatro jinetes del apocalipsis»[4]. Al leer el siguiente extracto de los cuatro jinetes, recuerda que cada uno de ellos agrega algo al ciclo de negativismo y hace que tu relación sea cada vez más insatisfactoria.

Crítica. Uno ataca a la persona en vez de atacar el problema. Acusas a tu marido por tu infelicidad y menosprecias su personalidad, su carácter o su conducta.

Desprecio. Persistes en tener pensamientos negativos acerca de tu esposo que provienen de una actitud irrespetuosa o asqueada. El desprecio se puede manifestar poniendo apodos, burlándose, girando los ojos o con un tono de voz sarcástico.

Estar a la defensiva. Uno se recluye emocionalmente para protegerse. Se niega la responsabilidad personal en cualquier malentendido o disgusto que se produzca, y se ponen excusas ante cualquier cosa que pareciera culpa propia. Cuando tu marido expone sus heridas o enojo, lo descartas y lo ves como un problema de él o lo vuelves a atacar con más críticas y desprecio.

Evasivas. No respondes o lo haces con respuestas monosilábicas. Creas una distancia emocional o física entre ambos. Mantienes el silencio y si él intenta acercarse no le haces caso o lo haces a un lado.

Le pedí (habla Steve) a una de mis pacientes que leyera la lista de los jinetes y me dijera cuál usaba con mayor frecuencia. Se echó a reír y dijo:

—Me atrapó, doctor Steve, soy buena con los cuatro… pero me destaco en crítica y desprecio y mi marido es bueno en los otros dos.

—¿Qué si le digo que la crítica y el desprecio de uno de los cónyuges genera la postura defensiva y evasiva del otro? —le pregunté.

—¿Quiere decir que estoy empeorando las cosas?

—Lo que sugiero es que deje de atacar a su esposo. Intente ser más positiva y demuéstrele reconocimiento y respeto. Tal vez descubra que él comienza a franquearse.

Qué hacer con el enojo

Toda pareja tiene sus momentos en los que el enojo estalla. Así como un fuego puede apagarse o avivarse, también puedes tratar tu enojo con agua o con combustible. Con mucha frecuencia en la tensión del momento, uno empeora las cosas usando un balde con los cuatro jinetes como combustible.

¿Qué otra alternativa tenemos aparte de acumular el enojo o usarlo en forma destructiva haciendo uso de los cuatro jinetes? Aquí van algunos pasos que te ayudarán a manejar el enojo de una manera saludable.

Espera un poco. No significa que lo pospongas una semana, sino que esperes un tiempo hasta que te calmes un poco. Prueba salir del lugar por unos minutos y realizar algunas inspiraciones profundas. Da una vuelta a la manzana, ora, lleva un registro de tus sentimientos… Thomas Jefferson dio un buen consejo al decir: «Cuando estés enojado, cuenta hasta diez. Si estás muy enojado, cuenta hasta cien».

Toma perspectiva. Si bien el enojo es la respuesta natural al dolor o al temor, no es siempre la respuesta *correcta* para el hecho que lo desencadenó. Puedes estar sinceramente enojada pero equivocada acerca de lo sucedido. De manera que mientras cuentas hasta diez, sería una buena idea que vuelvas mentalmente sobre lo ocurrido y adquieras perspectiva. ¿Quiso tu marido provocarte de manera intencional o fue solo un descuido, algo dicho sin pensar? ¿Contribuiste al problema? ¿Estás realmente enojada con alguien además de tu esposo? Llamar a una amiga puede ayudarte a tomar esa distancia o perspectiva que necesitas; pero debe ser sincera y no solo manifestarse de acuerdo contigo.

Nicole Johnson, una actriz y reconocida oradora que viaja por todo el país con las conferencias de *Mujeres de fe*, descubrió que le resulta útil entrevistarse a sí misma cuando está enojada.

Se formula preguntas como: ¿Qué sucedió? ¿De qué tengo miedo? ¿En qué han sido heridos mis sentimientos? ¿Por qué me siento molesta?[5] La respuesta sincera a estos interrogantes no solo le da la perspectiva que necesita sino que le aclara los pasos que debe dar para ocuparse del problema de manera saludable.

Decide si necesitas hablarlo. Si tu enojo se relaciona con tu marido o con tus relaciones con él, es importante conversar del tema con él. Si te das cuenta de que tu enojo es con otra persona, ya seas tú misma o Dios, es con esa persona con la que tienes que hablar. Si descubres que estás enojada con una situación que no puede modificarse, tu elección más sabia podría ser canalizar tus energías a través del ejercicio físico o alguna otra manifestación personal. Una larga caminata a paso ligero o media hora con tu diario íntimo podrán servirte de ayuda para calmar tu enojo y ayudarte a comprender los pasos a seguir.

Exprésalo con cuidado. Cuando hayas decidido que debes manifestarle a tu esposo tus sentimientos de enojo, presta atención al tono de tu voz y a tu lenguaje corporal. Recuerda a los cuatro jinetes: cuando el tono es sarcástico o quejoso es difícil escucharlo sin ponerse uno a la defensiva. La Biblia dice que la respuesta amable calma el enojo[6]. Usar un tono suave ayudará a que expreses tu enojo sin herir al otro.

Es también importante que te mantengas en tema al expresar tu enojo a tu marido. Un hombre manifestaba: «Cuando discuto con mi esposa, no se pone histérica sino… histórica». Es importante que limites tu discusión a la situación presente en vez de traer a colación problemas o desilusiones del pasado. Concéntrate en los hechos que causaron el problema y no en tu esposo como persona. Te será de ayuda evitar expresiones como «tú siempre», «tú nunca» y «tú eres…». Esta clase de palabras tienden a desencadenar acciones defensivas y casi nunca son completamente veraces.

Más allá de lo que digas, intenta concentrarte en sanar y no en herir. Es importante la sinceridad a la hora de expresar los sentimientos de enojo, pero el objetivo jamás debería ser lastimar a la otra persona. Intenta escuchar la respuesta de tu esposo sin ponerte a la defensiva ni sentirte derrotada. Expresar el enojo de una manera saludable es una habilidad que se aprende y te saldrá mejor a medida que lo practiques.

Termina bien. Trata de finalizar la discusión con una palabra cariñosa o un gesto o una caricia que manifieste aceptación y paz. Joyce Fischer, esposa de pastor, explica que pueden pasar horas antes de que uno se sienta de ánimo para *terminar bien*. Hubo veces en que estando tendida, rígida, de su lado de la cama se dio cuenta de que no se había acercado al esposo con cariño. Descubrió que frotar el dedo gordo del pie contra el tobillo de su esposo era su señal para hacer las paces.

Mano extendida, corazón dispuesto

En sus conferencias *Amar es una decisión*, los escritores Gary Smalley y John Trent emplean una maravillosa visualización para demostrar la importancia de manejar bien el enojo en el matrimonio. Sugieren que uno levante la mano abierta con los dedos separados. Una mano abierta representa un corazón abierto y dispuesto a acercarse a otros, incluso al esposo. Si uno agita los dedos, quiere decir que se siente feliz y la relación es saludable.

Smalley y Trent continúan su explicación diciendo que cuando uno se siente dolido, el corazón comienza a cerrarse y uno dejar de estar dispuesto a tender la mano en busca de amor. Para demostrarlo, sugieren que uno cierre la mano con lentitud. Al cerrarla con los dedos apretados, se obtiene un puño cerrado que en cualquier parte del mundo es símbolo de enojo y desafío. Cuando las palabras y las acciones hirientes crecen y se convierten en amargo enojo, y a su vez ese enojo crece y se sale de los carriles, el resultado es un corazón cerrado, a la defensiva[7].

En este mundo caído es imposible evitar el enojo. Si lo sientes brotar dentro de tu ser, pregúntate qué lo ha ocasionado. Luego, resuelve de inmediato el asunto; no dejes pasar días ni semanas. Ponte de rodillas ante Dios y pídele que te abra el corazón así como tú puedes abrir los dedos de un puño cerrado. Con las manos abiertas y el corazón dispuesto, acércate a aquel que una vez amaste con toda el alma. Cuando te ocupas del enojo y se sanan las heridas, descubrirás que puedes volver a amarlo profundamente.

Algo para que lo intentes

Elige solo una de estas cosas...

- ¿Qué piensas que provoca enojo en tu esposo? ¿Qué cosa hace tu esposo que te provoca enojo?

- Dibuja algo que represente tu enojo

- Repasa los seis pasos para manejar el enojo que se detallan en el presente capítulo. ¿Cuáles ya estás haciendo? ¿Cuáles necesitas implementar o mejorar?

- De la misma manera, repasa las cuatro respuestas al enojo que John Gottman llama «los cuatro jinetes del apocalipsis». Identifica qué «jinete» sueles usar más. ¿Cuál es el que más usa tu esposo?

- Linda Douglas escribe lo siguiente: «Para pedir disculpas, compro una torta o pastel y le escribo con azúcar: "Perdóname" en la cubierta. Nadie puede resistirse a eso»[8]. Quizá quieras intentarlo la próxima vez que debas disculparte.

Capítulo 9

Esta dama está deprimida

Cuando miro hacia atrás, a mis períodos de mayor oscuridad descubro que fueron los momentos cuando el Señor me tuvo más cerca de sí. Sin embargo no podía ver su rostro porque tenía la cara hundida en su pecho. Estaba llorando.

JOHN MICHAEL TALBOT

Son las dos de la tarde de un hermoso día de verano e increíblemente tengo (habla Steve) una hora libre antes de que llegue mi próximo paciente. Al comenzar este capítulo viene a mi mente Christine, quien comenzó su tratamiento conmigo hace poco más de un mes. Aunque mi consultorio es cálido y acogedor, se pasó la mayor parte de nuestra primera entrevista aferrada a los apoyabrazos de la mullida silla como preparada para un espantoso descenso de la montaña rusa. Hoy se manifestó mucho más relajada. Se quitó los zapatos, cruzó las piernas y estuvo dispuesta a hablar acerca de sus avances en su lucha con la depresión.

Aunque recientes investigaciones demuestran que al menos una de cada cuatro mujeres luchará contra la depresión durante su vida, muchas son reacias a procurar la ayuda que necesitan con tanta desesperación. Quizá la palabra *depresión* las asusta. Tal vez se preocupan del qué dirán o no identifican los síntomas y esperan que estos desaparezcan. Sin embargo la depresión, al igual que otros problemas reales, tiende a empeorar si no recibe atención. Una mujer que esperó antes de solicitar ayuda, describe sus síntomas de la siguiente manera: «¿Has experimentado alguna vez uno de esos días en que te cuesta un tremendo esfuerzo el simple hecho de salir de la cama? Yo tuve "uno de esos días" y me duró varios meses»[1].

Como mencionamos en capítulos previos, los problemas matrimoniales sin resolver pueden muchas veces conducir a la depresión. La depresión, a su vez, puede causar o agravar tus dificultades maritales y te quita la energía que necesitas para ocuparte de ellas de forma eficaz. Es más, es tan frecuente que las mujeres que se dan por vencidas estén deprimidas que esa idea de marcharse puede considerarse un síntoma de depresión.

Si experimentas pérdida de energía, dificultad para concentrarte, falta de interés en los amigos o en el trabajo, alteraciones en el apetito y en el sueño, ansiedad o sensación de desesperanza puede que estés pasando por esta condición debilitante, en especial si has experimentado esos síntomas durante dos semanas o más. La depresión puede tratarse y te exhorto a que busques ayuda profesional para que te hagan una evaluación.

¿De solo pensarlo ya te sientes incómoda? Tal vez lo que sigue te sirva de ayuda.

Por el resto de este capítulo, me pondré en el lugar del psicólogo y te daré una idea de lo que serían tres sesiones de consejería. Si vinieras, como Christine, con síntomas de depresión, lo que sigue serían algunos de los temas que tocaríamos. Espero que al leerlos, se disipe un poco tu ansiedad. Sin embargo, recuerda que cada situación requiere un tratamiento específico. No estoy ofreciendo una fórmula que lo «soluciona todo», sino un cuadro general de cómo la depresión puede afectar tu vida y también cómo podrías tratarla. Así que, recuéstate en una de mis cómodas sillas, respira hondo y relájate.

Los diferentes matices de la depresión

Durante la primera entrevista, dedico la mayor parte del tiempo a escuchar. Escucho más allá de las palabras. Presto atención a las emociones, los temores, las heridas y las frustraciones. Cuando dices que te sientes atrapada, intento comprender qué te hizo sentir así. Con frecuencia, descubro que este sentimiento trae aparejada la depresión, esa emoción desagradable que te envuelve como con una frazada húmeda que te ahoga y te hace sentir triste y desdichada.

Existen dos variedades de depresión. Una, más *liviana*, es como una sombra de melancolía que parece rodearte. El entusiasmo se ha ido y la vida no parece tan buena como antes. Sigues haciendo lo que tienes que hacer, pero ya no experimentas alegría. Tal vez haya algunos días en que te liberas de esa sensación y la vida parece grandiosa por un tiempo; pero pronto el sol vuelve a ocultarse tras las nubes y vuelves a sentirte desconectada e insatisfecha.

La otra variedad de depresión, más *intensa*, envía rayos helados que calan hasta lo profundo del corazón. No hay días en que brille el sol y pronto comienzas a sentirte impotente y sin esperanzas. Si no tomas en cuenta esta situación, podrías verte atrapada en lo que los psicólogos denominan «tríada depresiva»: considerando que las cosas están mal, siempre han estado mal y seguirán estando mal.

Como deseo saber cuán deprimida te sientes, comenzaré a hacerte preguntas sobre diferentes aspectos de tu vida.

Emociones: ¿Cuán desanimada te sientes? ¿Cuán herida o enojada estás? ¿Con qué frecuencia lloras o tienes deseos de llorar?

Pensamientos: ¿Qué clase de ideas te pasan por la mente en estos días? ¿Te resulta difícil concentrarte o recordar las cosas?

Acciones: ¿De qué manera afectó este sentimiento de desánimo tus actividades cotidianas? ¿Qué produjo en tu motivación? ¿Terminas la mayoría de las tareas que comienzas?

Cuerpo: ¿Se produjo algún cambio en tu patrón alimentario o de sueño? ¿Experimentas dolores de cabeza, de estómago u otra clase de dolor físico?

Relaciones: ¿Cómo te sientes respecto de las personas que solían importarte más? ¿Estás más retraída, más crítica o más replicona?

Fe: ¿Cómo te sientes respecto a Dios? ¿Te sientes distante y deseas esconderte o deseas correr hacia él?

Conocer la severidad de tus síntomas me ayudará a determinar quién además de mí debería darte una mano. Si te sientes herida y con deseos de recluirte, necesitas buenos amigos. Si tu depresión te está alejando de Dios, necesitas un consejero espiritual o a tu pastor. Si la depresión es muy grave, es probable que además de un consejero necesites acudir a un médico que analice las causas físicas y el tratamiento a seguir.

Posibles disparadores de la depresión

Asuntos no resueltos de la infancia	Duelo, pérdida o rechazo
Estrés por la crianza de los hijos	Traumas pasados o presentes
Dificultades financieras	Falta de perdón
Historial familiar depresivo	Culpa
Enfermedad	Fracaso personal
Desequilibrio hormonal	Presiones laborales
Problemas de peso	Confusión respecto de la identidad
Susceptibilidad al estrés	Poca atención de uno mismo
Dolor crónico	Enojo reprimido
Presión social	Autoestima baja
Pensamientos y reflexiones negativas	Cuestiones maritales

¿Qué origina la depresión?

Luego de hablar de las dos clases de depresión, quiero que ambos podamos tener un panorama claro y sincero de cómo te sientes, de manera que te pediré que comentes todos los motivos que se te ocurran que podrían haberte llevado a la condición actual. A veces las causas de la depresión pueden ser algo interno, como un desequilibrio bioquímico u hormonal. Otras veces puede ser causada por las presiones externas, como las relaciones personales o las finanzas. La depresión a veces no encaja perfectamente en una caja sino que es confusa y puede estar desparramada en una serie de cajas. Tu depresión puede haberse disparado por una gran diversidad de circunstancias. En la página 121 hay una lista de posibilidades. Por lo general trato de identificar dos o tres que sean las preponderantes.

Si observas el cuadro, verás que los temas maritales ocupan el último lugar. Lo puse allí de manera intencional porque no quiero que te precipites a sacar como conclusión que tu marido es el causante de tu depresión. Cuando te sientes desanimada y abatida, tiendes a culpar a quienes te rodean y, por defecto, tu esposo puede convertirse en el primer sospechoso. Sin embargo, aunque probablemente tenga muchas cosas en las que necesita mejorar (como nos sucede a la mayoría) no puedes de dar por sentado de manera automática que él sea la causa primaria de tu depresión.

Cuando llegamos al final de nuestra primera «cita», es probable que ya te sientas un poco mejor. La oportunidad de hablar en profundidad, de manera dirigida, parece aliviar la pesada carga de la depresión. Mientras te preparas para partir, te prometo que voy a ser persistente y paciente contigo si tú eres persistente y paciente contigo misma. Puedo percibir tu tensión al decirte que hagas una tarea para la próxima sesión; pero sé que te relajarás e incluso sonreirás cuando leas el último punto. Esta es la tarea que te daré:

Enumera disparadores de los que no hemos hablado.

Reúnete con una amiga que te apoye y te comprenda para contarle cómo te sientes.

Haz algo especial por ti cada día. (Debe tratarse de algo que realmente disfrutes y no algo que «debas» hacer).

En este punto, la consulta termina. Cuando te levantes para retirarte, te recuerdo que aunque todo parezca oscuro, vas a poder salir adelante en este tiempo de dificultad. Te ruego que te aferres a la esperanza mientras luchas contra la depresión. Es importante que sepas que el cambio rara vez se produce a saltos gigantescos y estrepitosos; por lo general, ocurre a pasos vacilantes… algunos para adelante y algunos para atrás. El apóstol Pablo dice que el sufrimiento produce perseverancia, la perseverancia entereza de carácter y la entereza de carácter, esperanza [2]. Es probable que tu depresión no desaparezca con la rapidez que deseas, pero si tienes paciencia, los cambios se producirán en lo profundo de tu corazón y esto te conducirá en definitiva a una vida mucho más rica y plena de lo que jamás hayas imaginado siquiera.

Si por la noche hay llanto,
Por la mañana habrá gritos de alegría.

Salmo 30:5

Altibajos

Cuando acudas a la segunda entrevista, puedo observar que te sientes mucho más cómoda que la primera vez y esto me agrada. Me apoyaré contra el respaldo, quizá cruce las piernas y te preguntaré cómo te fue con la tarea. No me interesa solo lo que hiciste sino también lo que no hiciste y por qué. De manera que hablaremos de tus puntos débiles y de que tu depresión hace que evites la actividad física, las relaciones sociales y las cosas que solían ser divertidas.

Algo que capta mi atención es que tu conversación está salpicada con comentarios del tipo «¿Quién querría estar con una persona deprimida?» «Cuando me sienta mejor, estaré más activa» y «¿Qué sentido tiene gastar dinero en diversión cuando solo consigo sentirme más triste y amargada?» Esto me preocupa porque estoy convencido de que esas declaraciones tan negativas suelen ser profecías que se cumplen de por sí y porque cuanto más te aísles y te mantengas pasiva, más deprimida te sentirás. Tomo nota de dedicar más tiempo la próxima semana para conversar acerca de cómo erradicar esos pensamientos negativos acerca de tu persona. Por ahora, no obstante, sencillamente te voy a animar a que dediques la semana siguiente a realizar algunas actividades que estás evitando.

Primero, como ha pasado un año desde tu último examen médico, quiero que te hagas uno tan pronto como puedas. Además, quiero que leas la tarea que sigue y realices al menos una actividad dentro de cada categoría:

Social: Te exhorto a que invites a una amiga a comer o a tomar un café, que asistas a un evento donde haya gente que conozcas, que asistas a la iglesia o que escojas otra actividad que implique estar con otra gente.

Actividad: Te insto a que reduzcas tus actividades pasivas como leer, tomar la siesta o mirar televisión y las reemplaces por activas como caminar, nadar o hacer gimnasia (cualquier cosa que te saque de la casa y que haga fluir la adrenalina).

Diversión: Piensa en todas las cosas que solían ser divertidas, elige una y hazla nuevamente. Puede ser tan simple como dar una vuelta en tiovivo o tan creativa como diseñar una nueva distribución para tu álbum de recortes. No tienes que «tener ganas» de hacerlo; simplemente hazlo.

Salud: Por último, te insto a que duermas al menos siete horas por la noche, que reduzcas los dulces, que evites el exceso de cafeína y que reemplaces las colaciones no saludables por frutas frescas o secas.

Antes de que te marches, quiero que sepas que comenzar será lo más difícil de la tarea de esta semana. Tal vez te desanimes porque no podrás hacerlo tan bien como la semana pasada. No obstante, la tarea de esta semana es para aumentar tus energías en vez de consumirlas. Puedo ver dudas en tus ojos, pero te pido que confíes en mí.

Ponga fin al ciclo descendente

Cuando vengas a la tercera cita estarás bastante complacida ya que cumpliste con tres actividades: social, actividad y diversión, todas de una vez ya que invitaste a una amiga a jugar al golf contigo.

¡Bien hecho! Estoy orgulloso de ti. Has progresado muchísimo.

Ahora quiero que dediquemos un tiempo a conversar acerca de tus influencias positivas y negativas. Cuando te deprimes, todo lo que te rodea se ve oscuro; es como mirar el mundo con anteojos de sol. Este punto de vista negativo influye en tu actitud, en la manera en que hablas contigo misma y en la forma de tratar a los demás. Y tu actitud negativa, además, afectará la manera en que miras el mundo. Pronto no serás capaz de ver el lado bueno de la vida y todo te parecerá perdido.

Para poner fin a ese ciclo descendente, es importante maximizar lo positivo y minimizar lo negativo eliminando la mayor cantidad de influencia negativa posible. Quiero que pienses en tus días y elimines cualquier cosa que aumente tu estado de ánimo sombrío: programas de televisión, libros, música, sucesos, patrones de pensamiento e incluso personas.

La acumulación de lo negativo me recuerda el cuarto de mi hijo. Si él deja medias sucias, toallas mojadas y camisas sudadas apiladas en un rincón, pasado un tiempo el hedor del cuarto será insoportable. Así como él necesita limpiar su cuarto, tú necesitas dejar de frecuentar personas negativas (de ser posible), dejar de ver programas negativos y de escuchar música deprimente.

No obstante, la limpieza es solo el comienzo. Jesús nos advierte del peligro de quitar algo malo sin llenar el lugar con algo bueno. Cuando se refirió a echar fuera un espíritu maligno, Jesús dijo: «Cuando llega, la encuentra barrida y arreglada. Luego va y trae a otros siete espíritus más malvados que él, y entran a vivir allí. Así que el estado final de aquella persona resulta peor que el inicial»[3]. Tal como esta ilustración tan gráfica lo ejemplifica, es importante reemplazar lo negativo con algo bueno y positivo. De manera que te animo a que te rodees de personas, libros, música y una atmósfera positiva.

En este punto, conversaremos acerca de lo que yo denomino «charla interna». Te animaré a que te digas frases positivas a ti misma aun cuando no las creas del todo, porque las palabras que pronuncias pueden realmente cambiar tu manera de pensar. Quizá hasta te sugiera algunas cosas positivas que puedes decirte durante la semana que sigue. La idea de tener una charla interna positiva viene de la Biblia. El apóstol Pablo lo expresa de la siguiente manera: «Todo lo que es verdadero, todo lo honesto, todo lo justo, todo lo puro, todo lo amable, todo lo que es de buen nombre; si hay virtud alguna, si algo digno de alabanza, en esto pensad»[4]. Al repetirte frases positivas en realidad estarás siguiendo el consejo de Pablo.

A esta altura tienes dudas, de manera que manifiesto que soy plenamente consciente de que desarrollar una actitud optimista no es tan fácil como lo parece. No se trata de encauzarse hacia una entrada positiva. A decir verdad, algunas personas son por naturaleza más optimistas y por lo tanto más resistentes a la depresión. Para ellas, pensar en positivo y sacudirse los bajones depresivos es más sencillo mientras que para otras, resulta un proceso mucho más complejo. No obstante, el pensamiento positivo puede fomentar los sentimientos positivos, de manera que te animo a que no te des por vencida. Por lo tanto, te daré una tarea que te ayudará en esto.

Una vez al día, durante toda la semana, quiero que practiques pensar como una persona optimista. Haz tu mayor esfuerzo por ver medio lleno el vaso y a cada nube búscale el borde plateado. Si te asaltan los pensamientos negativos, déjalos de lado de manera deliberada con una perspectiva positiva. Anota lo que sucede y coméntalo con tu marido o con una amiga. Cuando nos volvamos a ver, espero escuchar de qué manera ha modificado tu actitud en general esta práctica de ser optimista durante una semana.

Hay muchas otras cosas que quisiera saber acerca de ti y de tu lucha personal contra la depresión. Oro por ti en esos días en que te sientes tan sola y desanimada que deseas escapar de todo. Sé que no podría comprender en su totalidad el dolor y la lucha que enfrentas, pero yo también he tenido mis días malos en los que todo parecía estar sin esperanzas, pero he sobrevivido. De la misma manera lo hicieron muchísimas mujeres que he conocido. En medio de las dificultades, por favor, recuerda que no estás sola y que Dios puede darte una salida.

Dios bendijo de manera especial dándoles ánimo a los hijos de Israel mientras vagaron cuarenta años por el árido y desolado desierto, donde sin dudas experimentaron esa misma desazón que ahora te embarga. Permite que esa misma bendición sea mi oración por ti mientras liberas la larga y dura batalla contra la depresión y peleas por la supervivencia de tu matrimonio en medio de todo eso.

> El Señor te bendiga y te guarde;
> El Señor te mire con agrado
> y te extienda su amor;
> El Señor te muestre su favor
> y te conceda la paz[5].

Algo para que lo intentes

Elige solo una de estas cosas...

- Haz una descripción de las características de tu actitud según las dos variedades de depresión que mencionamos; la más liviana y la más intensa, si se aplica en tu caso.

- Lee la lista de los posibles disparadores de la depresión en la página 121 y marca los que más te hayan afectado. ¿Qué te sirvió de ayuda en el pasado para sobreponerte? ¿Qué cosas los empeoraron?

- Trata de concentrarte en al menos una persona de tu conocimiento que esté deprimida. Repasa las ideas de actividades en las páginas 124 - 125 y piensa cómo podrías animarla para que haga algo optimista.

- Un momento para mimarte: disfruta de un baño de inmersión, una caminata vigorizante, un té con una amiga, belleza de pies o un masaje.

Capítulo 10

Tipos de murallas

*Antes de construir un muro
deseo saber qué dejo dentro
y qué dejo fuera.*

Robert Frost, «Mending Wall»

hace algunos años descubrí (habla Alice) un poema de Richard A. McCray que tocó mis fibras más íntimas. Me gustaría citarlo por completo a continuación porque describe de manera vívida lo que sucede cuando se separan dos personas que alguna vez se amaron. Según una breve introducción del poeta, el poema describe algo que sucedió en su matrimonio:

Muros

*La foto de la boda parecía burlarse desde la mesa, se burlaba de
ellos, cuyas mentes ya no se relacionaban.
Vivían con tal barricada entre ambos que ni un ariete de palabras
ni una artillería de caricias podría derribarla.*

*En algún momento, entre la aparición del primer diente
del primogénito y la graduación de la menor
se distanciaron.*

Con el paso de los años cada uno fue devanando la enmarañada madeja del yo, y cada vez que luchaban con nudos rebeldes ocultaron la tarea de los ojos del otro.

A veces ella lloraba por las noches y le rogaba a la susurrante oscuridad que le revelara su identidad.
Él yacía a su lado, como un oso que hiberna, inconsciente del frío invierno de ella.

Una vez, luego de hacer el amor,
él quiso comentar el miedo que tenía de la muerte;
pero temeroso de revelar su alma desnuda,
se limitó a elogiar la belleza de sus senos.

Ella asistió a un curso de arte moderno
procurando hallarse a sí misma entre los colores plasmados en el lienzo, mientras se quejaba con las otras damas acerca de los hombres insensibles.

Él se refugió en la tumba llamada «oficina»,
envolvió su mente con figuras de papel
y se enterró entre los clientes.

Poco a poco la muralla entre ambos se comenzó a erigir, consolidada con la argamasa de la indiferencia.

Un día en que quisieron acariciarse,
hallaron una barrera impenetrable, y alejándose del frío de la piedra, ambos se apartaron del extraño que estaba del otro lado.

Porque cuando el amor muere no es en un instante de feroz batalla ni cuando los cuerpos exaltados pierden su calor.
Solo yace jadeando, exhausto,
y expira en la base de un muro que no pudo escalar[1].

Aunque el poema está bellamente escrito, al leerlo siempre queda en mi corazón un dejo de tristeza porque no sé lo que sucedió luego de que estas palabras cargadas de dolor fueron escritas. El señor McCray dedica este poema a su esposa, de manera que es un indicio de que el matrimonio se recobró. A veces oro por ellos, deseando que sigan juntos y felices en su matrimonio. De ser así, creo que Dios sonríe porque el muro que construyeron se ha venido abajo.

Construcción del muro

Hemos conservado un juego de bloques de madera que nuestros hijos usaban para construir cuando eran pequeños. Nos encantaba verlos armar fila tras fila con esos cubos pintados con números e imágenes. Con habilidosa coordinación, el muro de bloques crecía y crecía hasta que ante el mínimo toque se venía abajo. Repetían la operación hasta que abandonaban el juego. Si los muros que se levantan entre esposos se desmantelaran igual de fácil, no habría mayores problemas. Sin embargo, cuando en el matrimonio las barreras no se toman en cuenta durante meses o años, se vuelven altas, anchas, duras y firmes.

Los muros en el matrimonio comienzan siendo pequeños, un solo ladrillo y luego otro... una crítica dicha sin pensar, una respuesta airada, un suspiro de frustración, la decisión de que ocuparse de cierto problema no vale la pena. Al principio la muralla parece tan insignificante que ni siquiera la notas y, de hacerlo, puedes saltarla sin problemas. Sin embargo, tratar de obviarlas es lo peor que puedes hacer, porque a menos que quites los primeros ladrillos, el muro irá creciendo con cada desafío o frustración sin resolver. Antes de que te des cuenta, se vuelve tan alto que no puedes sobrepasarlo y pronto no podrán verse ni tocarse el uno al otro. Llegará el día en que, como lo dice el poema, cuando intentes acercarte a tu cónyuge y acariciarlo descubrirás que la barrera no puede penetrarse. Están uno a cada lado de la muralla y llevan vidas más o menos independientes, con pocas cosas en común y poco de qué hablar.

Cuando el matrimonio llega a este punto, los consejeros lo llaman «matrimonios paralelos» o «divorcios emocionales». Otros ven al esposo y a la esposa como «casados, pero solteros». Cualquiera sea el nombre que se le dé a la situación, resulta sumamente dramático cuando un hombre y una mujer que alguna vez amaron pasar horas juntos ahora se evitan tanto como pueden y están separados por una muralla que uno o ambos construyeron.

¿Por qué levantamos muros?

Es sencillo: un muro brinda protección. Construimos muros y vallas alrededor de nuestra casa para mantener seguros a nuestros hijos adentro y mantener a los intrusos peligrosos fuera. Este mismo principio es el que se aplica cuando construimos muros en nuestro matrimonio: estamos dejando a alguien adentro y a alguien afuera.

Cuando has sido profundamente herida, es difícil seguir exponiéndose al dolor y la desilusión; entonces las murallas que construyes pueden ser una forma de autoprotegerte. Si te han maltratado en la infancia o en una relación previa, tenderás a encerrarte y a guardar tus sentimientos dentro para proteger tu corazón de una nueva herida. Al bloquear tu amor y deseo dentro de ti, te sientes menos vulnerable. Aun cuando anheles tener intimidad emocional, puedes sentirte aterrada por pensamientos de temor: Si bajo la guardia, él va a decepcionarme. No puedo correr el riesgo de que me lastime y tener que sufrir de nuevo.

El riesgo de salir lastimado es parte de toda relación. La precaución y la preocupación son naturales y pueden ser necesarias en ocasiones. Sin embargo, los muros que construyes para protegerte pueden llegar a atraparte y detener tu crecimiento, bloquear tu visión y avivar tus temores. Enseguida este temor se vuelve tan fuerte que comienzas a pensar que no podrías soportar una herida más.

Mantener a tu marido del otro lado del muro es un intento sincero de protegerte del dolor; pero al amurallar tus emociones seguras en el interior estarás dejando a tu esposo del lado de afuera. Te desconectas emocionalmente y mantienes la distancia entre ambos. Esto puede causar tensión, pero no te preocupa porque la tensión ayuda a que la distancia crezca aun más. Incluso puedes sentirte agradecida porque careces de energías o de deseos de ocuparte de las relaciones entre ustedes. Sin embargo, esta clase de protección puede establecer un patrón de conducta que anestesia tu amor y puede llegar a separarte en forma permanente de tu marido, no solo en el aspecto emocional sino a todo nivel.

Una de las mujeres que respondió a nuestra encuesta matrimonial describió su muralla de la siguiente manera: «Me he sentido herida, enojada y decepcionada durante tanto tiempo que ni siquiera deseo resolver los problemas. Solo quiero volver a empezar». Cuando alguien se siente tan profundamente herido, es natural que refuerce la muralla, que agregue más ladrillos y mezcla, y haga todo lo que pueda para evitar que el esposo se acerque a su corazón.

> **Palabras que construyen murallas**
>
> - Te lo dije
> - Si no te gusta, puedes irte
> - Eso fue una tontería
> - ¿Hay algo que hagas bien?
> - Es tu culpa
> - ¿Cuál es tu problema?
> - Tienes lo que mereces
> - No sé cómo permanezco casada contigo
>
> Steve Stephens[2]

Ladrillos y mezcla

El inicio de la construcción de una muralla con frecuencia es involuntaria; pero si uno no detiene el proceso, el poder para hacerla más alta y más resistente pasa a ser una adicción. Si tienes el hábito de culpar y de cuestionar en vez de razonar y resolver, es como si alimentaras la adicción. Pronto notas que la construcción de la muralla no es para protegerte, sino para lastimar a tu esposo. Comienzas a verlo como si fuera el enemigo, el que causa el penoso conflicto, las palabras hirientes, las promesas incumplidas, el menosprecio, la crítica y la falta de consideración; de manera que vas en busca de los ladrillos y la argamasa. Si te preguntas qué acciones son las que construyen muros, aquí hay algunos ejemplos:

Silencio: Puedes impedirle a tu marido que se conecte contigo negándote a hablarle o, cuando él te habla, negándote a responder o dando respuestas vagas, evasivas o falsas. Por dentro, puede que te sientas demasiado agobiada para siquiera hablar del tema y tal vez pienses que a él ni le interesa el asunto y que no tiene caso conversar, o puede que estés tratando de castigarlo de manera consciente.

Frialdad: Mantienes a tu esposo a cierta distancia negándote a demostrarle amabilidad, afecto o debilidad. Puedes manifestar rudeza o una fría amabilidad; pero como sea, cierras tu corazón de manera de no demostrar tus emociones, tampoco lágrimas.

Abstinencia sexual: Casi nunca estás con ánimo y privas a tu marido de la intimidad evitando el contacto físico, incluso las caricias. Puedes no prestarle atención o menospreciarlo si no se acerca de la manera y en el momento apropiado, o puede que siempre tengas una excusa a mano.

Intensidad: Es atacar, amenazar o manipular a tu marido tanto en forma verbal como no verbal. Esto puede hacerse con una mirada, cierto tono de voz o una postura corporal agresiva. Cualquiera sea la manera, el mensaje es claro: *Aléjate o lo lamentarás.*

Demasiadas ocupaciones: Puedes estar ocupada en tus pasatiempos, las actividades de tus hijos, tareas relacionadas con el trabajo y responsabilidades en la iglesia. Casi nunca estás en la casa cuando tu marido está allí, y cuando estás, no tienes tiempo para comunicarte con él o prestarle atención.

Por supuesto, puede que no seas tú la única que esté construyendo la muralla. Es más, probablemente no seas la única. Tu marido está del otro lado y agrega sus propios ladrillos y mezcla para protegerse y dejarte fuera.

Lo trágico en todo este proceso es que cuanto más intentan ambos protegerse, más daño se causan y más daño producen al matrimonio. Cualquiera sea el material que están usando para construir el muro y aunque este ya tenga cierta altura, nos sentimos apenados por ustedes porque están evitando lo que podría ayudarlos en su relación y escogen en cambio lo que la destruirá. Si bien solo están tratando de protegerse, en realidad están construyendo una trampa mortal que socava la comunicación y destruye la esperanza.

Si el muro que los separa continúa creciendo, dentro de poco proyectará una sombra sobre todo lo bueno que haya en sus relaciones. Si no lo tiran abajo, finalmente destruirá tu matrimonio. ¿Qué es el divorcio sino el último ladrillo en el muro entre dos personas? Es igualmente trágico cuando permanecen juntos, pero la pared que los separa es tan gruesa que están casados solo en los papeles y están privados de todo el apoyo y la intimidad que Dios planificó para el matrimonio.

Cómo desmantelar los muros

Lo bueno en cuanto al muro en tu matrimonio es que en muchos sentidos es más sencillo tirarlo abajo que lo que costó levantarlo. Es cierto que no se construye de la noche a la mañana y tampoco desaparecerá en poco tiempo. Pero independientemente del esfuerzo que signifique, bien valdrá la pena.

En distintos capítulos de este libro hallarás ideas específicas acerca de cómo hacer que se curen las heridas, el manejo del conflicto, cómo volver a relacionarse, cómo alimentar el espíritu y soñar nuevos sueños. Sin embargo, aquí queremos mencionar en forma breve cinco estrategias para derribar muros o, lo que es mejor, evitar que se construyan.

1. Aumenta tu valor y tu esperanza. Como el temor, el dolor y el desánimo son los que impulsan mayormente la construcción de muros, tu primera estrategia para derribar la pared en tu matrimonio es hallar maneras más positivas de contrarrestar las emociones negativas que te llevaron a construir el muro. Te alentamos a que arbitres los medios que te permitan administrar tus sentimientos negativos *antes* de lanzarlos contra tu esposo. Si estuviste orando por tu marido estas últimas semanas, ya has iniciado ese proceso. Deseamos animarte a que ores por ti misma también y que procures el apoyo de una amiga íntima o un consejero.

Una de las cosas que más podrían ayudarte en este punto es cambiar tu actitud respecto de tu esposo. Puedes estar tan acostumbrada a pensar en él como el enemigo y el causante de todos tus problemas que quizá perdiste la perspectiva del ser humano que en realidad es. Tal vez has estado tan concentrada en tus propias necesidades y sentimientos que pasaste por alto las necesidades y los sentimientos de él. Mientras sigues orando por tu esposo, pídele a Dios que te ayude a revertir esa actitud. Trata de recordarte con frecuencia que él en realidad es tu todo y que ambos están del mismo lado.

> Confiar en Dios es lo más grandioso que alguien puede hacer.
>
> Elisabeth Elliot

Y lo que es más importante aun, trata de mantener el corazón abierto y receptivo al Señor. Dios sabe que ocuparte de estos difíciles desafíos hará que surja lo mejor de ti. Dios está a tu lado y te invita a que te apoyes bien en Él. En el Salmo 46, el Señor nos pide que no temamos «aunque se desmorone la tierra y las montañas se hundan en el fondo del mar». Él no quiere que temamos cuando la argamasa ceda y el muro se venga abajo. ¿Puedes abrir tu corazón para recibir estas preciosas palabras que Dios expresa para ti: «Yo soy tu amparo y tu fortaleza, tu ayuda segura en tiempos de angustia»[3]?

2. Establece algunos contactos positivos. Aunque no te sientas lo suficientemente fuerte para derribar el muro que te separa de tu esposo, puedes comenzar el proceso arrojando algunos mensajes amistosos por encima de la muralla. Cocínale una de sus comidas favoritas. Ofrécele un masaje cuando se vea cansado o estresado. Invita a tu esposo a ver una película y comprime tu rodilla contra la de él. Accede a sus incursiones amorosas aunque no tengas ganas. Son los pequeños gestos como estos, que quizá parecen forzados o un poco falsos, los que en su simpleza y carencia de agresividad logran cimentar una base y realizan algunos depósitos en sus cuentas bancarias del amor.

Con frecuencia les digo (habla Steve) a mis pacientes que los sentimientos siguen a la acción. Cuando actúas de manera amorosa con tu esposo o cuando reaccionas de forma positiva y amistosa, estás haciendo contactos que pueden crecer hasta transformarse en sentimientos de amistad y amor. Esto no significa que si crees tener un buen matrimonio, automáticamente desarrollarás uno así. Sin embargo, tus esfuerzos de buena voluntad te harán sentirte mejor respecto de tu marido y tu relación con él.

3. Inicia un diálogo acerca de lo que ha sucedido en tu matrimonio y lo que te gustaría ver que sucediera. No hay otra forma: si vas a desmantelar el muro en tu matrimonio, en algún momento necesitarás *hablar* acerca de la situación. Si no sabes cómo manejar la situación, lo mejor es tomar el toro por las astas. Dile a tu esposo que lamentas que se haya producido un distanciamiento entre ustedes, que la culpa es compartida y que te gustaría que juntos trataran de revertir la situación. Muchas de las técnicas de comunicación desarrolladas en el capítulo 11 podrán ser de utilidad en este punto.

4. Establece algunas reglas de seguridad. Como las murallas se levantan para la autoprotección, derribarlas puede ser atemorizante. Para reducir el riesgo, es importante que uno busque la manera de que el matrimonio sea más seguro, más satisfactorio y más acogedor para ambos. No puedes andar con indirectas, sino que debes ser sumamente específica en cuanto a tus necesidades a este respecto. Te sugerimos que pongas por escrito cinco cosas que él podría hacer durante la próxima semana que a ti te harían sentirte segura, y pídele que él haga lo mismo. Léele tu lista y dale la oportunidad de opinar. Haz tú lo mismo con su lista.

5. Ocúpense de aprender a confiar nuevamente el uno en el otro. Cuando hayas llegado a este punto, el resto del proceso incluye un trabajo continuo con el cincel contra las paredes de la desconfianza, del temor y del recelo, ladrillo a ladrillo, y sin agregar nuevos ladrillos mientras tanto. Al principio, te será difícil creer y aceptar las cosas que tu esposo hace bien. Él puede ser un poco torpe en sus intentos y tú puede que sientas que lo único que hace es engañarte por un tiempo o tratar de llevarte por su camino. Incluso puedes desear en el subconsciente que él siga actuando como un tonto de manera que se justifique tu partida. No obstante, cuando tu marido trata de cumplir con tus deseos, es muy importante que aceptes sus más pequeños gestos. Recuerda que recuperar el amor es un proceso que lleva tiempo, esfuerzo y sacrificio de ambas partes.

Una historia de otro muro

Mientras escribimos este capítulo, nuestro profundo ruego es que comiences a alentar a tu esposo de nuevo, que te sientas llena de admiración y de amor por él y que él vuelva a convertirse en el tesoro de tu corazón. Esperamos que la siguiente historia de la Alemania medieval, narrada por Rochelle M. Pennington, te sirva como inspiración.

> Las esposas que vivían dentro de las murallas del castillo Weinsberg en Alemania estaban plenamente conscientes de las riquezas que este tenía: oro, plata, joyas y riquezas increíbles.
>
> Llegó un día en el 1141 d.C. cuando su tesoro se vio amenazado. Un ejército enemigo rodeó la muralla del castillo y exigía la fortaleza, la fortuna y la vida de los hombres. No había nada que hacer más que rendirse.

Aunque el comandante conquistador había puesto una condición para que las mujeres y los niños pudieran salir sin problemas, las mujeres de Weinsberg se negaron a salir si no se cumplía una condición puesta por ellas. Exigieron que se les permitiera cargar en sus brazos todo lo que pudieran abarcar y llevarlo con ellas. Sabiendo que las mujeres no podrían hacer gran mella en la inmensa fortuna, accedieron a su solicitud.

Al abrirse las puertas del castillo, el ejército no pudo evitar la emoción. Cada mujer llevaba en sus brazos a su esposo.

Las esposas de Weinsberg, en efecto, estaban plenamente conscientes de las riquezas que albergaban las murallas del castillo[4].

Algo para que lo intentes

Elige una sola cosa de estas…

- Enumera las palabras o las acciones de tu esposo que más te hacen levantar una muralla.

- Enumera las palabras o las acciones tuyas que más hacen que tu esposo levante una muralla.

- Elige la frase que mejor describa la muralla actual entre tú y tu esposo:
  - Es baja y casi imperceptible
  - Nadie la nota pero sabemos que está allí
  - Es tan alta que tropezamos con ella con mayor frecuencia de la que queremos reconocer
  - Es tan alta y gruesa que nos resulta más fácil evitarnos que tratar de conectarnos
  - Es tan alta, tan gruesa y tan fuerte que nos hace pensar que es imposible derribarla

- Separa un tiempo para conducir el automóvil hasta el campo o sube a una montaña desde donde tengas una buena vista. Inspira profundamente y disfruta de la sensación de estar en un espacio abierto, al aire libre. Piensa en algunos de los mejores recuerdos de tu matrimonio.

Capítulo 11

Hablemos

El problema de la comunicación matrimonial es que cada vez que el esposo expresa unas palabras a la esposa, ella le expresa párrafos enteros.

Autor anónimo

era una fría tarde de enero cuando Curt y Kari acudieron por primera vez a mi consultorio (habla Steve). Luego de diecisiete años de matrimonio, Kari estaba lista para hacer las maletas y marcharse. Curt miraba por la ventana mientras Kari explicaba lo cansada que estaba de ocuparse de las necesidades de todos mientras sus necesidades no eran tomadas en cuenta. Sentía que su marido no era capaz de mantener una conversación significativa y que jamás le prestaba atención cuando ella le hablaba.

Llegado a este punto, Curt cambió de posición mirando hacia el lado opuesto a ella. Al final, con frustración, Kari dijo:

—Ahí lo tiene: se niega a escucharme.

—¿Qué quieres decir? —dijo Curt volviendo la cabeza hacia ella—. Esta es mi manera de sentarme.

—Lo sé —replicó Kari—. Ese es el problema.

Lo que encabeza la lista

Cuando el matrimonio comienza a tambalearse, la mala comunicación es una de las razones que encabezan la lista. Es más, la mayoría de los consejeros matrimoniales coinciden en que la buena comunicación es la base fundamental de un matrimonio saludable. Y aunque hay muchas maneras de comunicarse, las mujeres por lo general sienten la necesidad del diálogo verbal. Willard F. Harley, autor de *His Needs, Her Needs*, menciona la comunicación como la necesidad básica número uno de las mujeres en el matrimonio (la segunda es el cariño)[1], y coincidimos. Cuando las mujeres se reúnen y conversan acerca de sus desilusiones matrimoniales, una de las primeras cosas que mencionan es que «ya no conversamos» o, como lo expresara una mujer que le escribió a la columnista Ann Landers, que su matrimonio se había convertido en algo soso, aburrido y carente de palabras[2].

Sin embargo, la falta de conversación no es la única dificultad de comunicación que puede minar un matrimonio. A veces hay muchas palabras en un matrimonio, pero son tan punzantes y dolorosas que se convierten en parte del problema. Las palabras pueden ser hirientes, en especial cuando se pronuncian con enojo. E incluso las palabras más bienintencionadas pueden ser malinterpretadas o pasadas por alto; en especial en un matrimonio con dificultades en que ambos cónyuges andan recelosos.

Buenas y malas noticias

Si una comunicación pobre, negativa o inexistente es la razón principal del desmoronamiento de tu matrimonio, tenemos buenas noticias para ti… y también malas. La buena noticia es que una comunicación pobre es en realidad uno de los problemas matrimoniales de más fácil resolución. «Más fácil» no significa que repararlo no implique esfuerzo y decisión. No obstante, hay ciertas herramientas básicas que pueden mejorar realmente esta conexión entre marido y mujer.

¿Cuál podría ser la mala noticia? Muchas veces, cuando la mujer está pensando en separarse de su marido se niega a mejorar la comunicación. En lo profundo de su corazón sabe que si ambos comienzan a conversar de una manera saludable, esa comunicación mejorada los atraerá mutuamente y eso debilitará sus razones para marcharse. Ella desconfía de las palabras porque teme que la atraigan de regreso junto a él, donde volverá a ser lastimada.

Aunque esto sea así en tu caso, las malas noticias pueden transformarse en buenas si accedes a concederle una oportunidad. Comienza por recordar un momento en que pensaste que la conversación de tu marido era irresistible o al menos, atractiva. (Si te sentiste así alguna vez, puedes volver a sentirlo). Luego, antes de seguir leyendo, dedica unos minutos a considerar estas preguntas:

- ¿Cómo será estar casado conmigo?

- ¿Cómo será escuchar las palabras que yo pronuncio?

Cada vez que siento (habla Alice) que mi Al me decepciona de alguna manera, intento formularme esas dos preguntas. La mayoría de las veces me doy cuenta de que he estado tan concentrada en *sus* pocas debilidades que he pasado por alto la contribución de *mi* accionar al problema. Y esto se aplica sin dudas a nuestros problemas técnicos de comunicación, esas situaciones en que directamente no logramos conectarnos.

Animo a que las mujeres se formulen estas preguntas de manera regular ya que no solamente son buenas para lograr un rápido ajuste de actitud, sino que también nos dan una perspectiva certera de por qué no es satisfactoria la comunicación con nuestro esposo. A veces los esposos se cierran a la comunicación por la manera en que los tratan. Cuando las mujeres se ponen negativas, quisquillosas, sarcásticas o hirientes, los hombres tienden a desconectarse, a ponerse a la defensiva o a discutir. Incluso habrá momentos en que directamente se dan por vencidos y dejan de hablar.

Cuando la comunicación es un problema en un matrimonio, rara vez es culpa de una de las partes solamente. La personalidad, las diferencias de género, el trasfondo cultural y las cuestiones personales pueden contribuir al malentendido. Sin embargo, un poco de empatía sumada a cierto esfuerzo por modificar la manera en que uno habla y escucha puede hacer muchísimo por hacer que la comunicación sea más interesante y pacífica.

El matrimonio se cose con diez mil pequeñas puntadas.
Es en el contexto de estas pequeñas comunicaciones
que comenzamos a elaborar los grandes temas de la vida.
Thomas Kinkade[3]

Cuidado con lo que dices

Las palabras tienen un poder increíble. Con ellas podemos alabar, reafirmar y alentar o podemos herir, humillar y destruir.

Seguramente por eso el apóstol Pablo escribió: «Eviten toda conversación obscena. Por el contrario, que sus palabras contribuyan a la necesaria edificación y sean de bendición para quienes escuchan»[4]. En definitiva: La comunicación negativa puede romper un matrimonio.

Si eres como la mayoría de las mujeres que están pensando en separarse de su marido, la conversación insana puede que forme parte de tu matrimonio. La frustración y la hostilidad aparecen salpicadas en tus palabras y aun entre ellas. En el momento en que más se necesita una conexión positiva, los siguientes hábitos perniciosos de comunicación pueden construir muros en vez de tender puentes[5]:

Frases negativas: Pocas son las cosas que matan una relación con más rapidez que la ridiculización, los insultos, poner apodos o la crítica. La negatividad no se limita a las palabras. Un tono de voz condescendiente, girar los ojos, un aire de desprecio… todo puede comunicar desdén o desaprobación. Para las personas que necesitan reafirmación verbal para sentirse amadas, recibir lo opuesto las hace sentirse totalmente devastadas. La negatividad puede producir heridas tan profundas que se necesitan diez frases positivas para reparar el daño de una agresión dicha sin pensar.

«Si no tienes nada bueno que decir, mejor no digas nada» no es una estrategia práctica. A veces uno debe hablar de cosas que no son agradables e incluso verbalizar los sentimientos negativos, pero es útil ponerse de acuerdo en algunas reglas sobre la clase de palabras que se usarán al hablarse. Determinen qué clase de frases hiere a cada uno. Es probable que ya sepan cuáles son. Entonces, eliminen esas frases principalmente durante las peleas. (Lo mejor es hacerlo en forma conjunta; pero si una de las partes decide evitar el negativismo, eso puede producir una diferencia importante). Como regla general, sugerimos que eliminen las malas palabras y los epítetos hirientes al hablarse. Es importante también hacer un hábito de la comunicación *positiva* (no el halago vacío sino el aliento y el reconocimiento sincero) para equilibrar la parte negativa.

Culpar al otro: Desde la historia de Adán y Eva hasta principios del siglo XXI, uno observa que las personas culpan a otro por sus problemas. En vez de asumir la responsabilidad de nuestras acciones, tendemos a culpar a quien tenemos cerca (por lo general, nuestro cónyuge). Sin embargo, culpar a otro jamás sirve como respuesta a un problema. Quizá tu esposo se haya equivocado hoy, pero ayer el error pudo haber sido tuyo, por lo que podrías ser igualmente responsable de muchos de sus problemas. Todos nos equivocamos y a nadie le gusta que le lancen los errores a la cara. Una de las claves para una buena comunicación es buscar soluciones y no chivos expiatorios. Cuando ambos se ponen de acuerdo en no entrar en el juego de la culpabilidad mutua, podrán continuar avanzando.

Una de las maneras más sencillas en que se puede romper este hábito de culpar al otro durante la conversación es el truco de usar frases en primera persona, que comienzan con «Yo». Al mencionar un problema, enúncialo en términos de cómo te sientes (Yo...) en vez de lo que tu esposo hizo (Tú...). En vez de decir: «Dejaste las luces encendidas», podrías decir: «Me gustaría que apagaras las luces al salir del cuarto». Parece una treta;

pero resulta, porque hace que estés consciente de la tendencia a culpar al otro en vez de buscar soluciones.

Sobrecarga: Cuando mi esposo (habla Alice) vio la cita que está al comienzo del capítulo, se rió y dijo: «¡Qué gran verdad!». Aunque hay excepciones, las mujeres somos más proclives a tener problemas con hablar de más, en especial en las situaciones relacionales. Esto se debe a las diferencias en el uso del lenguaje que hacen hombres y las mujeres. Las mujeres por lo general emplean el lenguaje como una forma de conectarse con los demás, y también como una manera de procesar sus pensamientos. Tienden a «pensar en voz alta». Por otro lado, los hombres tienden a pensar en silencio y luego exponen lo que pensaron. Las mujeres también suelen usar muchas más palabras dentro del contexto de sus relaciones. Como resultado de ello, no dejan mucho lugar a sus maridos (que procesan las ideas de manera diferente) para que respondan. Sin siquiera darse cuenta, pueden forzar a sus maridos a que permanezcan en silencio. Una vez leí (habla Steve) un adhesivo de parachoques que expresaba:

¡No logro colar ni una palabra!

Cuando un hombre permanece callado, es sencillo que la esposa piense que a él no le importa, pero quizá el problema es que se encuentra aturdido con tantas palabras y demasiados detalles, o quizá esté tratando de formular una respuesta. Intenta detenerte cada tres o cuatro frases para solicitar una reacción por parte de tu esposo. Pídele que exprese sus ideas antes de seguirlo bombardeando con la manera en que tú comprendes las cosas. Y cuando preguntes, asegúrate de escuchar.

Hay otro tema que puede tener una solución más sencilla de la que imaginas. Para muchas mujeres, hablar es un escape emocional importante (y además, divertido) y es probable que necesites más de lo que tu marido puede ofrecerte. Eso no significa que tu matrimonio sea deficiente, sino que necesitas pasar más tiempo con tus amigas. Recuerda que no es razonable esperar que tu esposo cubra todas tus expectativas. Y esto incluye tu necesidad de usar muchas palabras.

Exageración. Esta es una palabra suave para hablar de la mentira y muchos somos culpables de ellas todos los días. Estiramos la verdad de manera que nos veamos mejor, obtengamos más compasión, hagamos que nuestro aporte sea más eficaz o provoquemos que una situación sea más emocionante de lo que es en realidad.

Al hablar con tu marido, puede que exageres al usar las palabras *siempre* y *nunca*: «Nunca llegas a casa temprano», «*Nunca* aprecias lo que hago», «*Siempre* les gritas a los niños», «*Siempre* eres brusco e insensible». Si empleas esta clase de exageración, tu marido probablemente piense en alguna excepción a ello y esgrima una defensa y la conversación se corte. O tal vez piense: *Ni siquiera nota cuando hago algo bueno, así que ¿para qué intentarlo?* Debido a esta tendencia, creemos que es saludable que elimines los «siempre» y los «nunca» de la conversación con tu marido. Es una manera simple de eliminar la actitud de colocarse a la defensiva.

No escuchar. Si ser escuchado y comprendido es como la fragancia de una rosa, no ser tomado en cuenta es como una espina. Muchas discusiones se originan en no haber sabido escuchar o en escuchar de manera selectiva. Escuchar realmente a alguien significa dejar de hacer lo que se estaba haciendo y concentrarse en la otra persona. Es percibir los sentimientos que están más allá de las palabras. Es involucrar tu rostro y todo el lenguaje corporal en una actitud receptiva y tratar de comprender haciendo preguntas. A veces solo al decir «Dime más» abres la puerta a una de las más íntimas conversaciones que hayas tenido en mucho tiempo.

El doctor Charles Sell escribe lo siguiente: «Se necesitan dos buenos oidores para lograr un buen matrimonio»[6]. Cuando dos personas se escuchan con corazones comprensivos, eso es un regalo sagrado. Hay mucho que puedes hacer por tu matrimonio si mejoras tus habilidades para escuchar. Sin embargo, ¿qué sucede si, como Kari al comienzo de este capítulo, estás molesta porque crees que tu marido no te escucha?

Revisar tus expresiones para ver si contienen algunos de los escollos mencionados más arriba puede servir; además puedes hacer que tu marido te escuche mejor si perfeccionas tu manera de comunicarte. También es una buena idea que preguntes si estás siendo lo suficientemente directa y clara en lo que expresas (mira el capítulo 3). Si el hábito de no escuchar está muy consolidado, necesitarás adoptar una estrategia diferente. Algunas mujeres han tenido éxito enviando tarjetas, escribiendo notas en la agenda del marido, enviando e-mails o hablando por el teléfono celular. La asesoría profesional puede ser de gran ayuda en las situaciones en que los esposos han perdido la capacidad de escucharse el uno al otro.

Una pelea justa

Toda pareja tiene desacuerdos y prácticamente todas pelean de vez en cuando. Sin embargo, cuando estás frustrada y desilusionada acerca de tu matrimonio, los desacuerdos pueden irse de la mano y eliminar toda posibilidad de una comunicación significativa. La mecha se acorta y la tensión aumenta grandemente con cada punto de presión como el dinero, la relación sexual, las tareas de la casa, la crianza de los hijos, los amigos u otros miembros de la familia. El carácter estalla y tus palabras o acciones en el acaloramiento del momento pueden producir aun más daño a una relación ya endeble.

¿Cuál es la alternativa? Como evitar el desacuerdo es prácticamente imposible, es importante negociar las diferencias y manejar el enojo de una manera que se minimice el daño e incluso se promueva el entendimiento. En vez de evitar la pelea, tienes que aprender a tener peleas justas. Aprender a pelear de manera justa te evitará la negación o la acumulación de enojo. El enojo que no se expresa de manera saludable conduce a una ruptura en la comunicación y puede llegar a cerrar tu corazón hacia tu esposo.

En mi libro *20 Surprisingly Simple Rules and Tools for a Great Marriage*, detallo (habla Steve) siete reglas prácticas para mantener las peleas dentro de un marco de justicia e incluso hacerlas productivas[7].

1. Elige el momento y el lugar. La mayoría de las peleas suceden cuando uno o ambos están muy cansados, hambrientos o estresados. Si esto es así, te sugerimos que simplemente te niegues a participar en ese momento. De ser necesario, abandona la habitación; pero antes, acuerden un momento posterior en que hablarán del tema y cúmplanlo. De otra manera, la situación quedará sin resolver y tú o tu marido se sentirán abandonados o no respetados.

Procuren por todos los medios no pelear frente a sus hijos. Ellos necesitan ver a sus padres en una relación saludable y es injusto involucrarlos en sus problemas.

2. Demuestra respeto. Que atacar el problema y no a la persona sea tu meta. Escoge tus palabras con cuidado y evita denigrar a tu cónyuge o lanzarle epítetos. Trata de controlar el volumen. Los gritos pueden ser intimidantes y una vez que se comienza pueden hacer que la pelea se descontrole.

3. Trata un tema a la vez. En medio de una pelea es fácil salirse de tema y enseguida uno comienza a saltar de un tema al otro sin resolver ninguno. Comprométete a permanecer en el tema original hasta que se resuelva.

4. Permanece en el presente. Cuando comienzas a concentrarte en lo que sucedió el mes pasado o el día anterior, la situación se complica. Cuanto más tiempo pase desde el hecho que ocasionó una disputa, más posibilidades hay de que se distorsione o cambie la historia. Haz todo lo posible por mantenerte en el presente.

5. Trata de no interrumpir. Nada hay tan frustrante como intentar explicar algo y no poder terminar. En el acaloramiento de la discusión, sin embargo, la tentación de interrumpirse el uno al otro puede ser muy poderosa. Una forma de resolverlo es usar la regla de 3+3. Arroja una moneda para ver quién comienza. Habla durante tres minutos sin interrumpir mientras el otro escucha con atención. Luego, la otra parte usa sus tres minutos para hablar. Este proceso puede repetirse hasta que no haya nada más para decir.

Cómo terminar una pelea: tres soluciones posibles

Acuerdo: Uno o el otro está dispuesto a cambiar

Aceptación: Uno de los dos no puede o no quiere cambiar, entonces el otro acepta convivir con la situación

Concesiones: Ambos están dispuestos a cambiar

Steve Stephens[8]

6. *Finaliza con alguna resolución.* Es asombroso ver cómo muchas parejas tienen peleas continuas acerca del mismo problema porque nunca llegan a una resolución. A veces tienes que intentar una resolución a corto plazo para ver cómo funciona. En otras ocasiones, necesitarán reunirse de nuevo para seguir discutiendo más sobre el tema. Lo importante es definir el curso de acción antes de abandonar la discusión.

7. *Siempre hagan las paces luego de una pelea.* Durante la mayoría de las peleas se dicen y hacen cosas hirientes, así que con frecuencia es necesario pedir perdón antes de hacer las paces. Luego de cada pelea, hagan algo que los vuelva a conectar (una caminata juntos, tomarse de la mano, orar); cualquier cosa que reafirme su amor.

El poder transformador del amor

La novela clásica de George Eliot, *Silas Marner*, relata la historia de un hombre triste, solitario y enojado cuyas actividades principales son tejer telas y acumular dinero. Vive en soledad y no tiene amigos. No escucha ni habla con la gente a menos que sea absolutamente necesario. Cuando habla, sus palabras son heladas. Es una persona amargada con habilidades para la comunicación deprimentes. A medida que pasan los años, la vida de Silas Marner se hace más cerrada y dura mientras el enojo se transforma en amargura. Entonces un día encuentra a una bebé, pequeña y rubia que ha sido abandonada por su familia. Se hace cargo de Eppie y en el proceso de la crianza, su corazón se ablanda, aprende a comunicarse y desaparece su enojo.

El último párrafo del libro muestra la maravillosa transformación que puede producirse en cualquiera dispuesto a ocuparse seriamente de la comunicación. Eppie se dirige a Silas y le expresa: «¡Qué hermoso hogar tenemos! ¡Creo que nadie podría ser más feliz que nosotros!».

Esa frase es nuestro más profundo motivo de oración al orar por ti y tu hogar.

Algo para que lo intentes

Elige solo una de estas cosas...

- Busca un lugar tranquilo para meditar en estas dos preguntas: ¿Cómo será estar casado conmigo? ¿Cómo será escuchar las palabras que yo pronuncio? Luego de pensarlo sincera y profundamente, anota tus respuestas.

- De los cinco malos hábitos en la comunicación que se enumeran en las páginas 149 - 152, ¿cuáles son los que más empleas? ¿De qué manera reacciona tu esposo?

- Relee las siete leyes para una pelea justa de las páginas 154 - 156 y tómalas como lineamiento general. Siéntate con tu esposo y establezcan sus propias reglas para una pelea justa. Pónganlas a mano donde puedan consultarlas la próxima vez que discutan sobre algo.

- Henry David Thoreau escribió en cierta oportunidad: «El mayor cumplido que alguien me hizo fue cuando me preguntó lo que pensaba y escuchó la respuesta». Pídele a Dios que te muestre cómo puedes hacer esto por tu marido en algún momento de la presente semana.

Capítulo 12

Reconexión

*El amor debe aprenderse,
una y otra vez;
nunca se deja de hacerlo.*

KATHERINE ANNE PORTER

Los panqueques se hundían en la crema mientras la hermosa y joven pareja reía recordando la película que habían visto la noche anterior y repasaban una y otra vez la clase de literatura que ambos cursaban. Compartían confesiones de travesuras infantiles y se reían de los recuerdos.

El contraste estaba marcado por una pareja anciana que estaba sentada al otro lado. El vestido de la mujer estaba descolorido y la cabeza del hombre brillaba. Ella masticaba lentamente su avena mientras él comía un huevo duro. No decían ni una palabra.

Qué triste debe ser no tener nada que decirse —pensó la joven—. *Espero nunca llegar a ese estado.* Sin embargo, poco después, cuando se agachó a recoger algo del piso, la bella joven notó que la pareja anciana estaba tomada de la mano. Habían estado así todo el tiempo.

Recibió una lección de humildad por el privilegio de lo que pudo presenciar. El cuidado con el que el anciano tomaba los cansados dedos de su esposa era un sencillo y profundo acto de conexión entre ambos.[1]

La unidad se fomenta

La historia verídica que relatamos, adaptada de los escritos de Daphna Renan, ilustra de forma magnífica el poder de la conexión y la unidad matrimonial. Si estás pensando en separarte, puede ser que hayas perdido esa sensación de estar conectados. Es sencillo en el matrimonio llegar al punto de que ambos llevan vidas que van por carriles separados y paralelos sin siquiera tocarse en ningún punto. Viven juntos pero sus vidas están mental, emocional y espiritualmente separadas. Volver a conectarse puede parecer imposible o demasiado complicado. Incluso puedes sentirte tentada a comenzar de nuevo en otra conexión, en una relación nueva y emocionante.

El problema con esa clase de pensamiento es que lo nuevo no permanece fresco y emocionante durante mucho tiempo. Si lo permites, el tedio de la rutina afectará cualquier relación; incluso la pareja más amorosa puede irse apartando poco a poco. Sin embargo, no tiene por qué ocurrir. Imagina cuán maravilloso podría ser tu matrimonio si el mismo tiempo, dinero y entusiasmo que invertirías en entablar una nueva relación los invirtieras en conectarte con tu marido.

¿Cómo puede uno volver a conectarse después de haberse separado o permanecer conectados durante mucho tiempo? Creemos que la clave es restablecer un sentido de unidad, aprender a pensar en términos de «nosotros» y no de «tú» y «yo» y aprender a compartir diversos aspectos de la vida.

Al leer las sugerencias que damos para fomentar la unidad, ten en mente que cada pareja es única. Los esposos se conectan de distintas maneras, y un matrimonio que es fuerte en varias cosas y débil en otras igualmente puede mantenerse en buena forma. Como regla general, sin embargo, podemos afirmar que cuanto más compartes, más satisfactoria serán tus relaciones. Te animamos a que hagas todo lo posible por fomentar la unidad en tu matrimonio. En el proceso, creemos que redescubrirás el verdadero significado de ser dos personas que pasan a ser una.

> De ahora en adelante habrá tal unidad entre nosotros que cuando uno llore, el otro sentirá el sabor salado de las lágrimas.
>
> Autor anónimo

Unidad emocional. Un esposo y una esposa que están conectados emocionalmente son conscientes de las alegrías, temores, heridas y frustraciones del otro. Conocen la historia emocional del otro y saben leer sus sentimientos. Cuando ríen o lloran juntos, disfrutan del maravilloso regalo de multiplicar las alegrías y dividir las tristezas.

No te sorprendas si tu esposo se resiste a la unión emocional, ya que las mujeres son las que se sienten más cómodas en este respecto. Pero las mujeres pueden ser también emocionalmente asustadizas como los hombres y ambos pueden aprender a conectarse de manera eficaz en este aspecto.

La clave para establecer o mantener esta clase de proximidad en el matrimonio es la creación de un clima de seguridad emocional. Cada cónyuge debe tomar los sentimientos del otro con seriedad y evitar los peligros de negar, restarle importancia o moralizar las emociones. En otras palabras, permitan que los sentimientos los acerquen en vez de separarlos.

Si se han herido en el pasado, la cercanía emocional puede llegar a ser la conexión más difícil de restablecer. Volver a ser transparente ante alguien que ha traicionado tu confianza requiere de valor y también de tiempo. Muchas parejas han descubierto que mejorar la conexión en otros aspectos de su relación también aumenta la cercanía emocional.

Unidad intelectual. Esto sucede cuando ustedes se expresan ideas y opiniones y disfrutan de un «encuentro mental». No tienen que estar de acuerdo, pero ambos deben hablar y escucharse con respeto. También resulta de utilidad que hagan un pacto de explorar juntos el mundo, uniendo la mente en la investigación de un nuevo tema por el que uno de ustedes o ambos sienta curiosidad. También puede resultar de utilidad que modifiquen sus hábitos televisivos y miren un programa del canal Discovery, de biografías o de historia; o quizá conseguir dos ejemplares de un mismo libro y comentarlo. Algunas parejas disfrutan de tomar un curso juntos o asistir juntos a un estudio bíblico para parejas. Otra cosa que puede ayudarles a cimentar la unidad intelectual puede ser elegir un tema que les apasione a ambos e investigar en la biblioteca o en Internet. La próxima vez que salgan juntos a cenar, diviértanse comentando los descubrimientos de cada uno.

Unidad práctica. Esta clase de acercamiento se desarrolla cuando encaran las tareas diarias en forma conjunta en vez de hacerlo separados. Ya sea al planificar las finanzas, cuidar a los hijos o hacer cualquier otra tarea del hogar, pueden fomentar la camaradería al trabajar como un equipo en el cumplimiento de una meta común. Cómo lo hagan, depende de ustedes. Hay tareas que podrán hacerlas más rápido y más fácil si las hacen juntos; en otras, quizá prefieran trabajar a la par pero repartirse la tarea, para que ambos finalicen al mismo tiempo y puedan descansar juntos.

Si tú y tu esposo están acostumbrados a trabajar separados en la mayoría de las tareas, te sugerimos que inicies un diálogo acerca de la unidad práctica preguntándole a tu marido si hay algo en lo que puedes ayudarle, y ten preparadas algunas posibilidades en las que él podría ayudarte. Otra posibilidad es la de escoger un proyecto que han querido hacer en la casa, algo aparte de las tareas de «él» o de «ella», y lo invites a sumarse. Pon por escrito un plan de lo que esperas conseguir y fíjate cómo funciona durante una semana o dos. El plan puede necesitar revisión, y si es así, háganlo juntos.

La unidad práctica no implica que lo hagan *todo* juntos. Cada uno puede tener tareas que prefieren hacer solos porque les resulta relajante y la logística de la colaboración en determinadas tareas puede llegar a tener sus bemoles. Eso está bien, pero trata de estar atenta para descubrir las actividades prácticas que podrían compartir. Y recuerda, los hombres no son buenos para leer la mente; así que si deseas ayuda sobre algo en particular, *pídela*.

Unidad estética. Buscar, absorber y celebrar todo lo bello de la vida no hará más que acercarlos y el simple hecho de disfrutar de cosas buenas juntos crea un maravilloso archivo de recuerdos compartidos. No todos disfrutan del mismo tipo de belleza, por supuesto. Algunos sienten atracción por la música, la pintura, la escultura, la danza o el teatro. Otros prefieren los sonidos y los paisajes que ofrece la creación. La clave para crear unidad estética es hallar algún tipo de belleza que ambos aprecien y buscar la manera de compartirla. Cuando veas una estupenda puesta de sol o escuches una bella melodía romántica en la radio, llama a tu esposo y pregúntale si tiene un minuto para mostrarle algo. Tomarse de la mano mientras contemplan los cambios de coloración sobre el horizonte o disfrutar la relación de la letra con la música en una canción puede ayudar a que sus almas se fundan.

Si deseas dar un paso más para conseguir la unidad estética, haz un sincero esfuerzo y desarrolla admiración por el tipo de belleza que tu marido disfruta. Pídele que te explique por qué lo atrae determinada canción o paisaje e intenta mirar con sus ojos. Pídele también que le dé una oportunidad a tu concepto de la belleza. Siempre podrán tener cuestiones en las que acuerdan discrepar, pero el acto de compartir sus gustos puede acercarlos un poco más.

Unidad recreativa. ¿Puede un matrimonio disolverse por falta de diversión? ¡Por supuesto! Sin un sentido de juego y entretenimiento compartido, las relaciones se vuelven aburridas y pesadas; y las responsabilidades matrimoniales pueden parecer demasiado sin algún tipo de recreación que haga las cosas un poco más llevaderas.

La verdad es que cuanto más tiempo se diviertan juntos, mejor se sentirán en su relación. La risa buena y sana es un fabuloso liberador de estrés y la risa *compartida* los conecta con un lazo placentero. Si desean estrechar esa conexión, te sugerimos que hagan de la diversión una prioridad, ya sea leyendo juntos la página de humor del periódico, haciendo una competencia de cosquillas, mirar una película graciosa o jugar al ping-pong. Busquen actividades que ambos disfruten, y hagan el tiempo para disfrutarlas juntos.

Recuerda que las actividades compartidas no siempre tienen que ser tus pasatiempos favoritos. Cuando estaban de novios, probablemente disfrutabas de muchas cosas divertidas solo con el objetivo de estar juntos. Tal vez te reunías con él en la cancha para ver un partido de baloncesto o te levantabas temprano para acompañarlo a pescar, o él te acompañaba a ver una película romántica y a comer una tarta en una confitería. Una vez que se casaron, sin embargo, pueden haber caído en el patrón de tener intereses separados. Y esto no estaría mal si al menos conservan algunas actividades que disfrutan hacer juntos.

Para combatir esta tendencia a «jugar separados», el doctor Willard F. Harley sugiere el siguiente ejercicio: tú y tu marido hagan una lista con todas las actividades que disfrutan; cuanto más larga, mejor. Escriban todo lo que se les ocurra, desde largas caminata hasta coleccionar monedas. Combinen ambos listados ordenados alfabéticamente. Luego otorguen un puntaje a cada actividad desde -4 (detesto hacerlo) hasta +4 (me encanta hacerlo). Eliminen todos los rubros a los que *ambos* colocaron puntaje negativo y lo que queda, serán actividades que *ambos* disfrutan en alguna medida. Son las cosas en las que tienen que concentrarse al tratar de fomentar la unidad en lo recreativo[2].

Unidad social. Aun cuando uno o los dos no tengan aptitudes sociales, los invitamos a que busquen oportunidades para pasar tiempo con personas y grupos que ambos disfruten, aunque sea un poco. Las reuniones familiares, las actividades de la iglesia y las veladas con amigos pueden estrechar los lazos matrimoniales al proporcionarles la sensación de cómo encajan como pareja dentro de la comunidad. Al mismo tiempo, estarán creando una red de apoyo que los ayudará en los momentos de dificultad.

Como otras personas pueden fortalecer o destruir tu matrimonio, es necesario que sean cuidadosos al elegir con sabiduría los contactos sociales. Procuren amigos cristianos, colegas sabios e incluso una pareja de consejeros que los pueda ayudar a celebrar los buenos momentos y sobrevivir a los malos. En especial, busquen amigos mutuos consagrados a su propio matrimonio que los ayudarán a mantenerse unidos cuando las cosas se pongan difíciles.

Unidad sexual. Si la relación con tu esposo se ha vuelto tan distante que estás pensando en dejarlo, quizá te molestes o incluso te enojes que escribamos acerca de la unidad sexual. Sin embargo, debemos hacerlo porque estamos convencidos de que Dios creó la relación sexual como el adhesivo que mantiene a un hombre y a una mujer unidos. Es también un regalo que uno le da al otro como señal de compromiso. Entregar el cuerpo al otro simboliza la entrega del corazón.

Si ya no disfrutas de hacer el amor con tu marido o si él evita darte ese regalo, ora que el Señor reavive ese deseo. Ora que tu marido sea más cariñoso, considerado y romántico. No es mala idea que hablen con el médico, porque hay ciertas condiciones físicas que pueden afectar el nivel de deseo en el matrimonio.

> Una conversación para conectarse
>
> - Formúlense las siguientes preguntas…
> - ¿Cuál es la diferencia entre tener relaciones sexuales y hacer el amor?
> - ¿Hay algo en nuestra vida íntima que puede mejorarse?
> - ¿Cómo podemos conectarnos mejor de corazón a corazón?
> - ¿Cuáles son nuestros sueños para el futuro?
> - ¿Nos conectamos alma con alma con regularidad?
> - ¿Cómo podemos hacer de esa conexión de alma una prioridad?
> - ¿Hay algo que tienes que perdonarme?
> - ¿Qué es lo que más te gusta de nuestro matrimonio?
>
> Lysa TerKeurst[3]

Al acercarse en otras facetas del matrimonio, quizá descubras que también las relaciones sexuales mejoran. En el libro *Capture His Heart*, Lisa TerKeurst sugiere algunas maneras específicas de añadirles un poco más de calor:

Para conocer en verdad a tu esposo y para que él te conozca a ti, necesitan pasar tiempo comunicándose y explorando juntos este maravilloso regalo de Dios. Guía las manos de tu esposo para que te acaricie donde te cause más placer. Muéstrale cómo ser suave en ciertas zonas y más agresivo en otras al tocarte y acariciarte. Dile dónde disfrutas que te bese. Cuanto más te franquees y te comuniques con tu esposo, mejor sabrá él como satisfacerte de veras y mayor satisfacción tendrá también él[4].

Unidad espiritual. Dios jamás quiso que una pareja enfrentara las alegrías y las tristezas de la vida sin Él, sino que quiere ser su refugio y su fortaleza durante los mejores y los peores años que pasen juntos. Cuando una pareja mira más allá de ella y construye una relación íntima con Dios, es asombroso lo que ocurre con su matrimonio. Las decepciones son más sencillas de tolerar y los problemas abrumadores más sencillos de manejar. Más que cualquier otra, la «conexión» con Dios, donde Dios está en el centro, quizá sea la que más mantenga la unidad en su matrimonio.

Si has cumplido el pacto que hiciste al principio de este libro y estuviste orando por tu marido quince minutos diarios, ya has comenzado a alimentar esta unidad espiritual. El siguiente paso es hacerle saber a tu esposo que estás orando por él. Antes de separarse por las mañanas, pregúntale a tu marido sobre qué puedes orar por él en ese día. Tal vez él tenga una tarea estresante que realizar o una entrevista difícil, o a lo mejor está agotado por las penosas demandas laborales. Quizá él entonces te pida asuntos sobre los cuales orar por ti; pero aunque no lo haga, haz que sus pedidos formen parte de tu vigilia de oración por él. Por la noche, continúa con el hábito de arrodillarte junto a tu cama para agradecer al Señor por una cualidad de tu esposo. Si él estuviera dispuesto, pídele que se arrodille contigo en la mutua intercesión en voz alta o en silencio.

Días de afecto

No importa cuán distanciados estén en su matrimonio, sabemos que pueden llegar a ser «nosotros» una vez más. Tal vez quieras marcar este capítulo y todos los días concentrarte en una de las ocho categorías de unidad. Te sorprenderás de cuántos problemas podrás resolver una vez que te conectas mejor con tu marido. Mientras tanto, aquí hay un ejercicio que te ayudará a iniciar el proceso de reconexión[5].

En la parte superior de dos hojas de papel, escribe las siguientes palabras: «Me siento amada cuando…» y, a un costado, anota los números del uno al diez. Completa un papel tú y dale el otro a tu marido para que también lo complete. Puedes escribir cosas como: «Me llamas para avisarme que llegarás tarde», «Levantas tu ropa sucia y la colocas en el cesto», «Me das un beso al llegar a casa» o «Me tomas de la mano cuando oramos». Cualquier cosa que te haga sentirte amada, anótala. Tu esposo quizá escriba cosas como: «Me das un masaje» o «Me permites ver mi programa de fútbol preferido».

Cuando lo hayan hecho, intercambien listas. ¡No está permitido criticar lo que el otro haya escrito! Luego, intenta cumplir algo de la lista de tu cónyuge cada día. (Si eres una mujer agobiada, hacer una cosa a la semana quizá sea más realista). Toma la decisión de hacer de cada día un día para demostrar afecto y contempla cómo el Señor va a unirlos para que sean un hombre, una mujer, una carne, una vida.

Algo para que lo intentes

Elige solo una de estas cosas…

- Califica tu matrimonio (A, B, C, D, etc). en cada una de las ocho cuestiones de unidad:

    ___Emocional   ___Intelectual

    ___Práctica   ___Estética

    ___Recreativa   ___Social

    ___Sexual   ___Espiritual

- Dedica un tiempo a conversar con tu esposo acerca de las cuestiones que hayan merecido una A o una B. Asegúrate de que él sepa cuánto valoras lo que él hace para que su relación tenga esa alta puntuación en esos asuntos.

- Elige el segmento de unidad que tenga la puntuación más baja y coméntalo con tu esposo. (Puede que él lo califique diferente). Comenten ideas y tracen un plan para mejorarla. Den los primeros pasos para implementar el plan antes de que finalice la semana.

- Completa el ejercicio propuesto al final del capítulo en el que tú y tu esposo escriben diez ítems que completan la frase: «Me siento amado cuando…». Busca dos frascos vacíos y escribe tu nombre en uno y el de tu esposo en el otro. Recorta en tiras la lista con las diez ideas y colócalas en los frascos. Cada día (o una vez por semana) tomen una tira de papel del frasco del otro con una actividad para hacer. Manténganlo en secreto, pero asegúrense de hacer por el otro lo que dice el papelito que sacaron[6].

Capítulo 13

Cuídate

> *Amo a la gente. Amo a mi familia, a mis hijos, pero en mi interior hay un espacio donde vivo sola, y allí es donde tu renuevas tus manantiales que nunca se secan.*
>
> Pearl S. Buck

Robin es esa clase de mujer que cuando ingresa a una habitación la ilumina con su presencia. La gente sonríe al conocerla y sigue sonriendo al evocarla. Sin embargo, hasta hace poco, la familia de Robin tenía una imagen de ella por completo distinta. En su mundo más privado, Robin era impaciente, irascible y malhumorada. Era negativa con su marido y se enojaba con sus hijos. No deseaba actuar de esa manera, pero el hogar era el único lugar donde se sentía suficientemente segura para manifestar lo agotada y fuera de control que estaba. Robin se sentía abrumada, estresada y lista para hacer cualquier cosa con tal de escapar de esa sangría sin fin de sentirse siempre abatida.

Siempre y cuando la gente permaneciera a cierta distancia, Robin se veía encantadora y llena de energía. En casa era una mujer agobiada. Este era su pequeño secreto, un secreto que amenazaba con destruir su matrimonio, su familia y su vida.

Abrumada y agobiada

Cuando estábamos realizando una investigación para un libro anterior, *La mujer agotada*, nos asombró descubrir cuán cansada se encuentra la mujer media norteamericana. Estudios recientes muestran que más de 60 millones de personas en los Estados Unidos se consideran abrumadas. Otros 60 millones dicen que están a punto de sentirse exhaustas. Cuando las energías de una mujer se agotan, se afectan su matrimonio, sus hijos, su profesión, sus amistades y también su intimidad con Dios. No es exagerado sacar como conclusión que una mujer agobiada puede convertirse en una mujer que se da por vencida. Cuando estás cansada, puede parecer tentador bajar los brazos en tu matrimonio; sobre todo si consideras que tu marido es quien te hace sentirte agobiada.

La mayoría de los libros, los seminarios y las conferencias sobre matrimonios enfatizan que los buenos matrimonios no se dan por *casualidad*. Los buenos matrimonios requieren de mucho tiempo y energía. Los matrimonios maravillosos requieren aun más. Sin embargo, cuando estás física, emocional y espiritualmente agobiada, no tienes tiempo ni energía para dar. Es más, probablemente no *desees* dar. Deseas un descanso, algo que te quite un poco de presión y te dé un respiro de aire fresco. Incluso puedes sentirte tentada a procurar algo nuevo y emocionante que te saque un poco del hastío, al menos por un tiempo.

El vaso vacío

En el alma de cada mujer cansada hay un profundo anhelo, que es casi un penoso dolor, de ser cuidada y protegida. Es como desear que lo envuelvan a uno en una manta tibia, lo sostengan en los brazos y lo mezan con ternura. Sin embargo, la misma naturaleza de ser una esposa y tal vez madre hace que sea difícil para la mayoría de las mujeres hallar esa clase de atención y alimento del alma; e incluso es difícil reconocer la necesidad. En cambio, se espera que ella brinde atenciones y que apoye a los demás. La triste verdad es que resulta difícil poder sacar algo de un vaso vacío. Una mujer agotada tiene muy poco para dar.

¿Cuál es la solución para este dilema del agotamiento? La respuesta completa podría llenar un libro o más; de hecho, lo hemos respondido en *La mujer agotada*. No obstante, una respuesta breve podría ser que la mujer agobiada no recibirá el cuidado y la protección que anhela mientras no reconozca su necesidad, la acepte y haga lo necesario para que sus necesidades más importantes se vean cubiertas.

No estamos diciendo que la clave para llenar de energías a una mujer agobiada sea que el marido haga más, si bien él debe ser parte de la solución. Hemos descubierto que las mujeres más agobiadas están sin fuerzas debido a su propia decisión de hacer demasiadas cosas y de ser injustas con sus propias necesidades. El primer paso es reducir el ciclo de abatimiento; esto es, hacerse cargo de la responsabilidad de ocuparse de sí misma y procurar que sus necesidades se vean cubiertas.

Para poder funcionar a largo plazo, mantener una relación saludable y vivir como la persona que Dios tenía en mente al crearte, creemos que necesitas:

- Una relación activa con Dios para mantener tu conexión con la fuente de todo consuelo.

- Un descanso físico adecuado para que tu cerebro pueda procesar los hechos y tu cuerpo recupere las energías.

- Actividad física suficiente que te permita controlar el estrés y mantener tu cuerpo fuerte, lleno de energía y flexibilidad.

- Comidas frecuentes y saludables que te brinden la energía necesaria, que mantenga en equilibrio los niveles hormonales y de azúcar en sangre, y que te permitan afrontar tu día.

- Tiempo para ti, para que desarrolles capacidades internas que te devuelvan las energías y te den placer al cuerpo, a la mente y al espíritu.

- Un sistema de cuidado y apoyo que te brinde amor, aliento y reconocimiento.

Acepta la vida diaria no como una copa para vaciar

sino como un cáliz a ser llenado con todo lo que sea sincero,
puro, amable y de buen nombre.

Autor anónimo

Debes recordar que todas estas cosas son necesidades reales y no lujos innecesarios. Incorporar hábitos saludables para cubrirlas logrará mucho más que un alivio temporal del hastío. Tendrá el poder para llenar de energía todas las facetas de tu vida, incluso tu matrimonio. Tu marido necesita que te cuides. Si no lo haces, desarrollarás problemas físicos que disminuirán tu capacidad de cuidar de tu familia. También podrás padecer problemas psicológicos como depresión o ansiedad. Como mínimo, te volverás una persona enojada y resentida, y esos sentimientos tienen el poder para hacer que un matrimonio que era dulce y tierno se convierta en ácido y decepcionante.

En nuestra cultura de hacer todo «ya», algunas personas pueden confundir el ocuparse de uno mismo con la autoindulgencia. Sin embargo, no recomendamos que abandones a tu marido y pases el día en una sauna, sino que estamos convencidos que ocuparte de ti misma es también responsabilidad tuya. Es un acto de mayordomía, es cuidar la vida que Dios te dio. Es también una manera de evitar el agotamiento y ver que tienes la vitalidad necesaria para alimentar tus relaciones más sagradas, incluso tu matrimonio. A continuación presentamos algunas tácticas que te ayudarán a cuidar de ti misma para renovar tu vida:

Pide ayuda. De ser necesario, *clama* por ayuda y clama en primer lugar al Señor. Recuerda que te creó, con tus necesidades y todo; y él se preocupa mucho por ti. En la Biblia, el profeta Isaías describe el amoroso cuidado de Dios de la siguiente manera: «Como un pastor que cuida su rebaño, recoge los corderos en sus brazos; los lleva junto a su pecho»[1]. Cuando de cuidar de ti se trata, el alimento del alma es por donde se comienza a llenar el vacío. Cada minuto que pasas con Dios en oración o meditación, cada versículo que lees o relees en la Biblia, cada himno que entonas para ti misma mientras conduces puede fortalecerte y mantenerte activa.

Además de apoyarte en el Señor, te sugerimos que busques el sabio consejo de una amiga de confianza o de un consejero. Si tu matrimonio se tambalea, es preferible que hagas esto antes de hablar con tu esposo acerca de tu necesidad de ayuda. Necesitas a alguien que comparta tu carga y ante quien rendir cuentas al hacer los cambios necesarios en tu vida para cuidar de ti.

Involucra a tu familia en la negociación de un plan. Si has aplazado el cuidado de ti misma por un tiempo, es probable que tu familia se haya acostumbrado a ello. Creen que es normal y pueden no darse cuenta de lo sobrecargada que te sientes. La única manera de cambiar de situación es poner una alarma. Tienes que hablar seriamente con tu marido acerca de tus necesidades y de por qué son tan importantes. Hazlo sin culpabilizar a nadie y no te sorprendas si su primera reacción es un poco a la defensiva. Solo inspira profundo y explica con calma lo exhausta y sola que te sientes. Háblale de lo que has intentado hacer para que las cosas mejoren; describe lo que resultó y lo que no. Hazle saber que sentirte abatida te impide ser la clase de esposa atenta, cariñosa y emocionante que deseas ser.

Una vez que has expuesto el problema ante tu marido, pregúntale qué ideas tiene y solicita su ayuda al confeccionar un plan que reduzca tu estrés. Quizá sea de ayuda que le des unos días para que lo piense antes de decidir juntos un plan para toda la familia. Puede tratarse de cualquier cosa, desde un día de trabajos domésticos en familia hasta compartir de manera diferente el cuidado de los hijos o hacer una salida trimestral solos o con amigos a un lugar de retiro…

Una vez que hayan trazado un plan y lo pongan en marcha, a las dos semanas (no más de eso) evalúen si está dando resultado o no. Modificar la manera en que la familia se organiza puede ser todo un desafío para ti y para tu familia. Tal vez se necesiten varios intentos y puede que descubras que es necesario relegar el control de ciertas cosas para obtener el alivio que necesitas. Pero estamos convencidos de que descubrirás que el aumento en tu energía, el menor estrés y las relaciones más saludables bien valen el esfuerzo.

Anota «cuidado personal» en tu agenda. Uno de los mayores desafíos del cuidado personal es hallar tiempo, cuando ya no hay más tiempo disponible. Es difícil que halles un hueco en tu agenda para una siesta, una clase de gimnasia o un baño de inmersión. Sin embargo, esa es la idea. Para que puedas contar con tiempo para tu cuidado personal, necesitas ponerlo en tu agenda. Anota momentos en los que levantarás los pies sobre una silla y harás algo que te agrade. Y no lo escribas con lápiz sino con tinta, como un compromiso.

Aunque sé (habla Steve) lo importante que es hacer una salida con mi esposa, mis buenas intenciones naufragan entre un mar de compromisos. Me encanta cuando ella toma mi agenda y anota allí una cita para ambos. Si está escrito, por algún motivo tiene prioridad y es más probable que se cumpla. Y aprecio realmente que mi esposa se ocupe tanto de nuestro matrimonio y de sus necesidades que hace una cosa así.

Prueba de decir que «sí» de manera selectiva. Siempre me ha costado (habla Alice) calmarme y bajar mi ritmo de vida. Apenas había iniciado el colegio secundario cuando ya estaba demasiado *ocupada* en tratar de *ser* la mujer que Dios quería que fuese. Como joven esposa y madre, en ocasiones estaba tan agotada que solo deseaba acurrucarme y dormir toda la semana, pero la adrenalina que surgía a causa de una agenda apretadísima y fechas tope de última hora me mantenían andando. Es más, mi vida era tan agitada que no me daba cuenta del costo que esto tenía para mi familia. Quizá porque me encuentro en una etapa de la vida en que puede decirse que soy «mayor y más sabia» (y sí, con menos energías) finalmente estoy aprendiendo a decir que sí de manera más selectiva y a decir que no cuando tengo que hacerlo.

Si eres una mujer a la que le encanta «hacer cosas», debes organizar tus prioridades en cuanto a lo que aceptas para poder contar con tiempo para ocuparte de ti. Por ejemplo, antes de aceptar otro proyecto o de acceder a trabajar más horas en la oficina, intenta demorar tu respuesta hasta que te hayas respondido a los siguientes interrogantes:

- ¿De qué manera afectará a mi familia esta actividad?
- ¿Cómo me sentiré acerca de mi decisión dentro de dos semanas?
- ¿Cuál es mi motivación para aceptar?
- ¿Me ha provisto Dios de lo necesario para hacer esto?
- ¿Mi respuesta afirmativa hará sonreír a Dios?
- ¿Puedo aceptar esta nueva tarea y seguir teniendo tiempo para ser la persona que Dios quiere que sea?

Recuerda que si siempre respondes que sí, la gente seguirá pidiendo más; y «más» puede tener consecuencias nefastas para ti y para tu matrimonio. Tu tiempo y tus energías son limitadas, así que trata de guardar los sí para la gente y las personas que realmente te importan.

Ajusta tu plan a la etapa de la vida en la que te encuentras. Hay etapas en la vida de la mujer en que el consejo de que descanse parece ser una broma de mal gusto. Si tienes hijos pequeños o una familia numerosa, tal vez te sientas de esa manera. Aunque tus hijos estén crecidos, puede que te parezca imposible relajarte cuando llevas adelante una carrera, un ministerio, una vida social, el hogar, el matrimonio y el cuidado de padres ancianos. Durante el transcurso de tu vida, pasarás por distintas etapas en las que te sientes como si intentaras mantener diez pelotitas de ping-pong debajo del agua con una mano atada a la espalda. Cuando crees tener todo bajo control, algo nuevo surge.

¿Qué puedes hacer durante esas etapas realmente ocupadas? Puede ayudarte el recordar que se trata de eso: una etapa; que los chicos crecen, las circunstancias cambian y muchas tareas se alivian con el tiempo. Sirve también que te concentres en las bendiciones de esas etapas ajetreadas y hagas tu mejor intento por disfrutarlas. (Tus hijos serán bebés solo por un tiempo muy breve). Sin embargo, necesitas hacer lo que puedas para ocuparte de ti misma para que estas etapas muy ocupadas no te liquiden. Es más, durante esos períodos cuando no puedes hallar el tiempo para algo tan necesario como relajarte es cuando más lo necesitas.

Si tienes hijos pequeños y no necesitas trabajar a tiempo completo fuera de la casa, una de las cosas que puedes hacer es buscar una organización como la de madres de preescolares o algo similar. Estas brindan actividades divertidas que mantienen ocupados a los niños mientras las madres pueden interactuar con *adultos*. Es un alivio poder pasar un buen rato con un grupo de mujeres; en especial cuando hay alguien que se ocupa de los niños. Otra posibilidad es la de turnarse en el cuidado de los niños con otra mamá y usar ese tiempo para disfrutar de simples placeres (ver en la página siguiente).

Cultiva los pequeños cambios y los placeres sencillos. Aun durante esa etapa en que las responsabilidades son pesadas y falta el tiempo, puedes hacer maravillas por tu espíritu si dedicas breves momentos para disfrutar de un placer sencillo. Cinco minutos para estirarte y respirar profundo, diez minutos para tomar una taza de té, quince minutos para orar y meditar o una caminata alrededor de la manzana pueden producir maravillas en tu cuerpo, tu mente y tu espíritu. Aunque estés a tiempo completo en casa con tus hijos, puedes cada tanto «hacerte un tiempito». ¡Procura encontrar ese tiempo! En esos extraños momentos en que todos duermen la siesta, toma un baño de inmersión en vez de ponerte a lavar la ropa. O pon un CD que te guste e invita a alguien en la casa a danzar contigo por la habitación.

Reduce el estrés llevando un diario. Cuando hay problemas, es sencillo caer en una espiral descendente de pensamientos negativos acerca de uno mismo, de los hijos, de la vida en general y, en especial, acerca del esposo. Cierto nivel de depresión se presenta junto con esa sensación de abatimiento, cansancio y la necesidad de recluirse. A veces tenemos la sensación de que una pesada manta gris nos bloquea por completo la visión de todo lo bueno.

Quizá te sorprenda saber que si llevas un diario, puedes salir de esa espiral. Investigaciones recientes muestran que 70% de las personas que experimentan estas sensaciones pueden salir de eso con solo llevar un diario.

No hay nada misterioso en hacerlo y no existen reglas al respecto. Todo lo que necesitas es un anotador cualquiera —incluso puede ser un cuaderno del colegio con espiral— y algo con qué escribir. Puedes escribir todos los días o cuando sientas la inspiración de hacerlo. La idea es plasmar tus pensamientos y emociones en el papel en vez de permitir que anden rondando en tu cabeza.

Tres placeres sencillos

1.

Mira fotografías sin imponerte el acomodarlas.
Solo disfrútalas y deja que los recuerdos afloren.

2.

Lee algunos capítulos de un libro que deseabas leer.
Decide cuántos capítulos leerás
y hazlo con total libertad.

3.

Gasta un poco de energías en un ambiente distendido
sin mayores compromisos.
Ve a bolear, a andar en patines, a caminar, a saltar a la soga,
o baila por la casa.
Remonta una cometa, practica unos tiros de baloncesto, pasea en bicicleta.

Kim Thomas[2]

A algunas personas les resulta útil separar una parte de su diario para pensamientos específicos. En una parte denominada «gratitud» puedes anotar todos los días dos o tres razones por las que estás agradecida. Con el tiempo, al ver cómo la lista crece, verás tu sentido de gratitud crecer. Otra parte del diario puede ser «sentimientos». Es correcto que escribas cuando te sientes terriblemente enojada y cuando estás increíblemente feliz. Al releer esos pensamientos, quizá te asombres por la manera en que tus sentimientos van y vienen, y confirmarás lo importante que es tomar decisiones basadas en la sabiduría y el razonamiento, más que en las emociones. Otra parte del diario puede estar dedicada a la resolución de problemas. Aquí es donde haces una lista de pros y contras que te ayuden a aclarar algunos temas y tomar mejores decisiones.

No es obligatorio que organices tu diario de esta manera, por supuesto. Es tu diario y puedes escribir de la manera que te resulte cómoda y que más se relacione con tu personalidad única. Puedes garabatear notas de manera espontánea y aleatoria, si este es tu estilo. Si escribes por la mañana, trata de concentrarte en lo que esperas de ese día o en lo que necesites resolver del día anterior. A la hora de acostarte, trata de aquietar tus emociones escribiendo pensamientos de gratitud y cartas de amor a Dios. Cualquiera que sea el momento en que lo hagas, el proceso de escribir te ayudará a sacudirte esa gris sensación de pesadez y abatimiento para permitir que las cosas buenas salgan a la luz. Si no llevas un diario de forma regular, queremos animarte a que al menos intentes escribir *algo* todos los días durante un mes, aunque solo sean un par de oraciones.

El mundo privado de Robin

Para Robin, la mujer que mencionamos al principio del capítulo, llevar un diario fue una de las maneras en que comenzó a prestar atención a lo que su vida agobiada comenzó a decirle. Y lo más importante es que esa actividad calmó su corazón lo suficiente como para poder escuchar lo que Dios le estaba diciendo. Comenzar un diario fue una de los más espectaculares y positivos progreso en la vida de Robin que convirtió a una mujer abatida (y que probablemente se iba a dar por vencida) en una mujer feliz, productiva y una esposa y madre realizada.

Hallar una consejera fue otro paso positivo de Robin. Ella siempre había admirado la serenidad y sabiduría de cierta dama de la iglesia. Luego de un serio encontronazo con su familia, Robin decidió pedirle ayuda a esta mujer. Al recordar aquel primer encuentro, Robin cuenta: «Durante la mayor parte del tiempo estuve llorando. Entre largos e inconsolables sollozos, pronunciaba solo breves frases como: "Si Dan fuera más sensible y alentador, no me sentiría así", "Si los chicos colaboraran, no estaría siempre tan enojada". Debió de haber pasado una hora antes de que finalmente reconociera que un poco de lo que sucedía era mi culpa. En mi intento por hacer que todos fueran felices y al tratar de vivir con expectativas imposibles, había asumido más compromisos de los que podía manejar. Fue difícil, pero al expresar todo esto en voz alta frente a aquella querida dama que tenía mis manos entre las suyas, de alguna manera hizo que me sintiera mejor».

Con la ayuda de su nueva amiga, Robin pudo escoger qué compromisos podía llevar a cabo y cuáles debía dejar de lado.

Cuando Robin habló con las personas a las que afectaba su decisión, les explicó que tenía demasiado sobre sus hombros y que necesitaba dejar algunas de sus responsabilidades, se sorprendió por lo comprensivos y amables que se manifestaron todos. Le llevó varios meses, pero Robin comenzó a sentirse restablecida y renovada. La siguiente frase en su diario resume la diferencia que se produjo en su vida: «Siento que cada día está salpicado por rayitos de sol».

Ya han pasado más de dos años y Robin sigue aplicando lo aprendido durante aquel tiempo de crisis familiar. En vez de decir a todo que sí, como antes, Robin evalúa con cuidado cada propuesta. Se formula interrogantes como los de la página 180. Luego de analizar las respuestas, se sienta con Dan, su esposo, y le pide su opinión. Y resultó que aquel paso adicional ha tenido un efecto muy positivo en su matrimonio. Al principio, Dan se encogía de hombros y le decía que hiciera lo que a ella mejor le pareciera; pero cuando Robin lo convenció de que en realidad deseaba y necesitaba su consejo, Dan se sintió honrado y tomó en serio su papel de consejero y protector.

La vida ha cambiado en gran manera para Robin. Se siente muy bien por el progreso que ha hecho al ocuparse de sí misma. Además del alimento espiritual y de la actividad física, descubrió nuevos intereses (como armar un álbum de recortes y practicar golf, algo que disfruta junto con Dan).

Robin sigue iluminando el lugar donde entra, y la gente sigue sonriendo al pensar en ella. La principal diferencia es que cuando Robin está en el mundo privado de su casa y su familia, la sonrisa continúa. Eso se debe a que ella se está ocupando de sí misma y por lo tanto tiene energías y vitalidad para aquellos a quienes más ama.

Algo para que lo intentes

Elige una sola de estas cosas...

- Escribe cinco cosas que sean relajantes y agradables para ti. Busca la oportunidad de hacer al menos una de estas en algún momento de la semana, aun cuando eso signifique posponer alguna cosa. Anota tu tiempo para ti en la agenda y sombréalo en amarillo.

- Betty Ackerman de Offerie, Kansas, afirma: «En mi familia cada uno tiene una noche asignada para lavar la vajilla. Los sábados, cada uno limpia una habitación»[3]. Reúne a tu familia y comenten acerca de implementar esta idea u otra similar para que las tareas del hogar tengan una distribución un poco más equitativa.

- Si todavía no tienes un diario, ve a una librería y búscalo en la sección correspondiente. Fíjate en la variedad de diseños, la textura de las hojas, si tiene o no un marcador de hojas, y si tiene o no renglones. Compra el que más te guste, uno que disfrutes al usarlo.

- Arma o compra un ramito de flores silvestres. Ponlas en un jarrón de vidrio con agua coloreada con colorante de alimentos. Ubícalo en tu escritorio o cerca del fregadero de la cocina como recordatorio de que debes cuidar de ti misma.

Capítulo 14

La fantasía de algo mejor

*Si van a fantasear o a soñar despiertos,
háganlo, pero el uno con el otro.*

Thomas Kinkade[1]

Sufro (habla Alice) por mi amiga Amy. Hace algunas semanas, se fue de su casa, dejó a su familia y se mudó a un departamento. La última vez que conversamos, Amy me aseguró de que no tenía relaciones con ningún hombre «a ese nivel», pero reconocía que había uno que era su «amigo». Se juntaban una vez por semana, solo para conversar. Aun así, le rogué que pensara en el riesgo de involucrarse con él a nivel emocional e íntimo, porque cuando uno entrega su corazón termina entregando el cuerpo. Amy está segura de que eso no le pasará a ella. Solo necesita tiempo para pensar, según me dijo. Por eso se fue de la casa.

Amy está convencida de lo que me dijo es verdad, al menos por el momento. Sin embargo, sufro por ella porque temo que se está engañando.

Muchas mujeres en algún punto de su matrimonio piensan en tirarlo todo por la borda y volver a empezar. Algunas lo piensan por años, mientras para otras es un pensamiento que viene y va como el atardecer. Lo que nos parece preocupante es la cantidad de mujeres que están llevando a cabo lo que piensan. Son mujeres inteligentes, buenas madres, amigas confiables, cristianas comprometidas, empleadas competentes, vecinas respetadas, personas compasivas; son mujeres de todo tipo y edad.

Quizá se deba al estrés creciente de vivir en el siglo XXI. Claro que el aumento del abuso físico, emocional y químico es un factor a tener en cuenta. Agrega a eso la moral decadente y nuestra mentalidad de «úsalo y tíralo», y mézclalo con un poco de desilusión y descontento; y quebrantar los votos matrimoniales pasa a ser algo comprensible e incluso justificable. Puede *parecer* la mejor opción en una situación mala.

El problema es que, por supuesto, no lo es.

La idea de que puedes volver a empezar y hacerlo todo bien cuando antes todo salió mal es simplemente una fantasía, además de una peligrosa falacia.

¿Eres vulnerable?

Es importantísimo que no malinterpretes nuestra intención respecto de este capítulo. No estamos diciendo que todas las mujeres que piensan dejar a su marido están metidas en una aventura amorosa, ni tampoco que estén interesadas en una. Es más, la mayoría de las mujeres con las que hemos conversado mientras escribíamos este libro nos dijeron que no tenían interés en involucrarse sentimentalmente con otro hombre. Sin embargo, nos hemos dado cuenta de que las mujeres que tienen matrimonios insatisfactorios son especialmente vulnerables a las aventuras amorosas porque con frecuencia subestiman su infelicidad. Aunque no busquen de manera intencional la compañía de otro hombre, un encuentro breve o un comentario casual con alguien que sea amable y considerado puede desencadenar una ráfaga de carencias y anhelos incumplidos. Llegado a este punto, el matrimonio se halla en verdadero peligro. Una mujer que estaba pensando dejar a su esposo nos dijo: «Fue la amistad con otro hombre sumado al continuo abandono y falta de respeto de mi marido lo que actuó como disparador».

Ninguna de las mujeres con las que conversé (habla Alice) que se involucraron en aventuras amorosas las habían planificado de antemano. El factor común en estas mujeres era que alguien que conocían como amigo comenzó a relacionarse emocionalmente con ellas. Tal vez fuera un colega, un vecino o alguien que conocían de la iglesia. Con frecuencia, la atracción comenzó con algo pequeño como un halago, un almuerzo casual en horario de trabajo o incluso una mirada persistente.

Ten en cuenta que es posible ceder ante la fantasía de «Puedo conseguir algo mejor» sin llegar a tener relaciones sexuales. Dave Carder, coautor de *Torn Asunder: Recovering from Extramarital Affairs*, comenta lo siguiente acerca de las aventuras amorosas emocionales:

> Una aventura emocional sin relaciones sexuales ocurre cuando dos personas se expresan sus sentimientos del uno por el otro. Estas aventuras están sobrecargadas de emoción. El timbre de la voz de, el estilo de su mensaje de correo

electrónico de él… todo es tendencioso. Sin embargo, cuando uno los enfrenta, insisten en que no han hecho nada malo. Las aventuras emocionales secretas son influencias poderosísimas en la vida de las personas. Con frecuencia viven en un mundo de fantasía en el que imaginan lo que el otro está haciendo[2].

En mi profesión, noto (habla Steve) una tendencia alarmante: una versión relativamente nueva de esta ilusión. Cada vez más me encuentro con mujeres que llevan a la práctica sus fantasías en Internet. «Solo es un juego» afirma una de mis clientas. «No conozco a esos hombres ni ellos a mí, de modo que ¿por qué habría de estar mal?» Las mujeres que piensan que una aventura por Internet es segura e inocente no podrían estar más equivocadas. Como las arenas movedizas, te succionan más y más y hunden cada vez más aunque trates por todos tus medios de salir. Se pasa con rapidez de la curiosidad al coqueteo, a la relación emocional y por último al contacto físico. Aunque te resistas a encontrarte con un hombre, si ya has comenzado a unirte a él a nivel emocional, esta persona con la que fantaseas ha capturado parte de tu corazón y pronto te parecerá mejor y más interesante que tu marido.

Por qué las fantasías pueden lastimarte

Ya sean en la red o en la vida real, esas fantasías pueden ser dañinas por una serie de razones importantes; aparte de las dificultades que ocasiona el divorcio de las que hablamos en el capítulo 6.

Lo más evidente es que una aventura amorosa emocional puede producir un daño irreparable a una relación imperfecta pero mejorable. Nada hiere tanto como la traición. Y si bien un matrimonio puede recobrarse de una aventura, el camino para dicha recuperación puede ser empinado y doloroso.

Otro peligro de la fantasía de «Puedo hallar algo mejor» es que en realidad es eso: una fantasía. Se suele basar en la desilusión y puede llevar a un mayor desaliento del que enfrentas ahora. Después de todo, cualquiera puede mostrar el lado bueno por un tiempo corto, o en el ciberespacio. Sin embargo, el buen mozo, encantador y emocionante, o amable, comprensivo y tierno caballero que crees que te rescatará de tu agonía relacional es muy probable que sea bien distinto una vez que lo conozcas. Si es soltero y sabe que eres casada, las investigaciones dicen que es probable que sea narcisista, alcohólico o que tenga problemas para comprometerse. Si es también casado, entonces te estarás involucrando con un marido que engaña a su esposa. ¿Crees realmente que esa es la clase de persona que te ayudará a descubrir algo mejor?

En *The Many Loves of Marriage*, el artista y escritor Thomas Kinkade señala otro problema importante en cuanto a fantasear con la persona perfecta o la relación perfecta:

> La gente que se divorcia, se relaciona con otra persona y de repente comienzan a hacer todas esas cosas románticas y divertidas como caminar a la luz de la luna, andar en bicicleta o salidas exóticas. Podrían haber hecho eso mismo con el cónyuge que acaban de dejar, pero no lo hicieron.

Como resultado de ello, enfrentan el trauma y la humillación de un doloroso divorcio, de un cambio terrible en sus vidas, una enorme pérdida económica, y lo que es más triste, hijos profundamente heridos... todo por «nuevas experiencias románticas».

Y luego Kinkade hace una pregunta muy pertinente: «¿Y cuánto tiempo crees que *esa* relación durará?»[3].

Según hombres y mujeres han comprobado a través de todas las épocas, la infidelidad y la desilusión son una base muy incierta para la felicidad. No importa cuán doloroso sea tu matrimonio y cuán desdichada seas en él, tus posibilidades de hallar una felicidad duradera en la forma de «alguien mejor» son escasas. ¿Acaso no tiene sentido que inviertas tu tiempo, tus energías y tus emociones en mejorar tu matrimonio?

Cinco falacias fatales acerca de las aventuras amorosas

- A mí nunca me va a pasar
- Solo somos amigos
- Si me hace sentir tan bien, no debe de ser tan malo
- Puedo detenerme cuando yo quiera
- Nadie saldrá herido

Robert Jeffress[4]

¿Has llegado demasiado lejos?

La idea de «Puedo hallar algo mejor» con frecuencia comienza con preguntas en apariencia inocentes como «¿Y si fuera soltera?» o «¿Y si me hubiera casado con otra persona?» Estos interrogantes se ven reforzados por las descripciones idealistas e irreales del amor en las películas románticas, la televisión, la música y las novelas. Es sencillo caer en la ilusión de hallar a alguien aparte de tu marido que pueda cubrir todas tus necesidades, anhelos y deseos.

Recuerda que cada vez que piensas en estar con otro que no sea tu marido, estás minando tu matrimonio y rompiendo tus votos. La Palabra de Dios es clara al afirmar que fantasear con tener relaciones sexuales con alguien que no sea tu cónyuge es pecado[5]. Eso puede sonar muy duro, pero todo pecado que llevamos a cabo con el cuerpo comienza en la mente; y es allí el lugar donde es más fácil detenerlo.

En otras palabras, el primer paso para detener una aventura amorosa es nunca permitir que comience. Si hay alguien por el que sientas atracción, ya sea el cajero del almacén, un amigo de tu esposo o alguien que hayas conocido de paso, es imperioso que hagas todo lo posible por quitártelo de tu mente. En la mayoría de los casos, será necesario que evites todo contacto con esa persona.

Una mujer se sintió muy atraída por un hombre de la iglesia. Nunca se habían visto antes, pero él era de esa clase de hombres que no pasan inadvertidos a las mujeres, y al verlo ella sintió que se encendía su imaginación romántica. Dejó de sentarse donde lo hacía en la iglesia para no tenerlo a la vista y evitó los lugares donde podría toparse con él. Finalmente, él se mudó y ella se sintió agradecida de no haber nunca entablado una conversación con el agraciado caballero.

Si has mantenido conversaciones con otro hombre (ya sea en persona, por teléfono o en Internet) que han pasado al plano personal, estás a punto o ya estás metida en una aventura amorosa emocional. Dennis Rainey, un premiado escritor y fundador de los ministerios *FamilyLife*, destaca los siguientes siete signos de alarma de que te estás involucrando demasiado:

- Tienes una necesidad que sientes que tu cónyuge no satisface (atención, aprobación, afecto) y esa persona comienza a llenar esa necesidad.

- Te resulta más sencillo relajarte con otra persona que no es tu cónyuge y analizar los problemas del día durante el almuerzo, una taza de café o de regreso a casa.

- Comienzas a hablar de los problemas que tienes con tu cónyuge.

- Racionalizas esas relaciones diciendo que seguramente es la voluntad de Dios que converses de manera tan franca y sincera con un hermano en la fe. Te pones a la defensiva en cuanto a esas relaciones y las proteges.

- Procuras encontrarte con esa persona más que con tu cónyuge.

- Te preguntas qué harías si no tuvieras esta persona con quien conversar.

- Ocultas esas relaciones de tu cónyuge[6].

Una rápida evaluación también puede ser que te preguntes si te gustaría que tu esposo supiera o escuchara la conversación que estás teniendo. Si tu respuesta es «no» a cualquiera de las dos preguntas, es probable que ya hayas ido demasiado lejos.

¿Qué debes hacer en ese caso? Es urgente que des por terminado todo contacto con esa persona en forma inmediata, sin importar cuán profundas hayan llegado a ser sus conversaciones. Esto significa que no habrá más correos electrónicos, ni encuentros a comer o tomar un café ni conversaciones en privado. Y punto. Llena ese vacío con una amiga o consejera que esté felizmente casada y pregúntale si puedes desahogarte con ella durante un tiempo hasta que tu matrimonio vuelva a encarrilarse.

Si estás sexualmente involucrada con alguien que no sea tu esposo, es mucho más importante que en este instante hagas un compromiso de dar por terminada la aventura amorosa. Hazlo hoy mismo. Te sugerimos que sigas los pasos enunciados en el cuadro de la página que sigue.

Es importante que cumplas *todos* los pasos; incluso el de decirle a tu marido. El secreto es el túnel oscuro por el que viaja la aventura, y se debe encender la luz y clausurar el túnel. La única excepción sería si tu esposo tiene conductas de abusador. Si esta fuera tu situación, te aconsejamos que busques la ayuda de un consejero profesional capacitado que te ayude para saber cuánto y cuándo revelar la situación a tu marido.

Cómo dar por terminada una aventura amorosa

- Confiesa la aventura a tu cónyuge

- Haz un compromiso verbal y escrito de jamás volver a hablar o ver a tu amante

- Escribe una carta poniendo fin a la relación y envíasela a tu amante con la aprobación de tu cónyuge

- Toma todas las precauciones extraordinarias que necesites para garantizar una completa separación de tu amante en el futuro. De ser necesario, cambia de dirección de correo electrónico, número telefónico, número de teléfono celular y número de localizador. Si son compañeros de trabajo, será necesario cambiar de empleo o solicitar un traslado.

- Permite que tu cónyuge escuche tus mensajes y controle tu correo durante el tiempo que considere conveniente.

- Ambos cónyuges deben contar con una agenda detallada de veinticuatro horas en la que se consignen lugares y teléfonos de contacto para dar cuentas del uso del tiempo. Háganlo hasta que tu cónyuge se sienta completamente seguro de que no lo has vuelto a engañar.

- Tomen todas las decisiones económicas futuras en forma conjunta y ríndanse cuentas mutuamente del uso del dinero.

- Comprométanse a pasar juntos su tiempo libre.

Willard Harley (h). y Jennifer Harley Chalmers[7]

Contarle a tu esposo acerca de la aventura amorosa no significa que sea el fin de tu matrimonio. Tal revelación, por el contrario, con frecuencia es el inicio de la restauración y la confianza. Este es el momento para pedirle a alguien que te controle rindiéndole cuentas. Ya sea el pastor, un consejero o un amigo de confianza, pídeles que no solamente te ayuden a sobreponerte a la aventura sino que también te ayuden a trabajar en tu matrimonio. Durante al menos un año, tú y tu esposo necesitan reunirse una o dos veces por mes con alguien a quien ambos consideren competente, sabio y confiable.

Cómo cortar la fantasía de «puedo hallar algo mejor»

Para evitar hasta la tentación de una aventura amorosa, te sugerimos que seas más selectiva con lo que lees, lo que ves por televisión o las películas que miras. Si disfrutas de leer novelas románticas, en las librerías cristianas y las páginas de Internet de las editoriales cristianas podrás hallar sanas recomendaciones. Existen muchas películas que presentan romances saludables y edificantes de la personalidad. Míralas juntos con tu esposo y luego comenten lo que les gustó y lo que no, y lo que podrían aplicar a su matrimonio. En cuanto a la música, deja de escuchar las canciones que descalifican a los maridos y enaltecen a los amantes. En cambio, adquiere un par de discos compactos con canciones de amor que a ti y a tu marido les gusten y escúchenlas con frecuencia.

Sin embargo, el paso más importante que puedes dar para proteger tu matrimonio de las aventuras amorosas es mejorar la conexión entre ustedes. Mantener la diversión y la emoción en el matrimonio, orar todos los días por tu pareja y tener amigos cercanos felizmente casados son algunas de las mejores defensas contra la tentación. Las sugerencias para reconectarse con el cónyuge del capítulo 12 te darán un buen punto de partida. Te animamos a que pruebes una o dos cada tanto y observes los cambios que se producen.

No estamos diciendo que tu matrimonio será maravilloso de la mañana a la noche. Eso también es una fantasía. Sus problemas llevaron meses y años para desarrollarse. Y necesitarán meses y años para resolverse, incluso algunos no quedarán por completo resueltos en esta vida. Sin embargo, si haces el esfuerzo de soportar, estamos convencidos de que descubrirás un amor mucho más satisfactorio que el que podrían darte todas tus fantasías.

No hay nada de malo con desear algo mejor. Es más, *deberías* desear algo mejor; pero ¿no tiene acaso mucho más sentido procurarlo dentro de la realidad más que en la fantasía, esforzándote por lograr algo mejor con el hombre a quien le prometiste amor para toda la vida?

Algo para que lo intentes

Elige solo una de estas cosas...

- Los consejeros matrimoniales informan que cualquier persona bajo las circunstancias correctas es capaz de tener una aventura amorosa. ¿Cuáles son algunas de las razones por las que crees que las mujeres caen en ello? ¿Y cuáles son las razones por las que crees que los hombres lo hacen? ¿Cuáles son las circunstancias que con mayor probabilidad podrían hacer (o ya hicieron) que te involucraras en una aventura amorosa?

- ¿Te has sentido alguna vez atraída por alguien que no es tu esposo? ¿Como manejaste la situación y de qué manera afectó tu matrimonio?

- Revisa las señales de advertencia de las páginas 196 - 197 y cambia de inmediato cualquier hábito, actividad o relación que podría hacerte caer en una aventura.

- Existen diversos materiales en la lista de lecturas recomendadas que te ayudarán a evitar una aventura amorosa o ayudarán a que tu matrimonio sobreviva al engaño. Elige uno y comprométete a leerlo de principio a fin.

Capítulo 15

¿Acaso Dios no quiere que yo sea feliz?

¿Y si Dios creó el matrimonio para hacernos santos más que para hacernos felices?

Gary Thomas

en lo profundo de nuestro ser todos anhelamos la felicidad. Ansiamos brincar tomados de la mano por prados soleados con la persona amada o yacer abrazados bajo un cielo aterciopelado.

Somos sinceros al desear a otros un feliz año nuevo, un feliz aniversario o un feliz cumpleaños, y desearíamos poder conseguir la felicidad con la misma facilidad con la que apagamos las velitas. Incluso la Declaración de Independencia norteamericana promete el derecho a procurar la felicidad como si esta pudiera hallarse con tan solo correr tras un sueño. Pero la felicidad puede ser tan evasiva como la marea. En un instante llega a nosotros y nos empapa. Al minuto siguiente, vemos que se retira y solo deja arena húmeda bajo nuestros pies.

Muchas de las mujeres con las que hablamos y que están planeando abandonar a su esposo dicen cosas como: «Desearía que las cosas fueran distintas, pero ya no soy feliz. Es más, hace mucho tiempo que no soy feliz. No es que yo quiera lastimar a mi esposo, pero no puedo imaginar que Dios quiera que yo permanezca en un matrimonio en el que no soy feliz».

Cuando alguien que está en un matrimonio con conflictos nos dice lo que ella entiende por felicidad, por lo general comienza por describir lo que es compañerismo: actividades compartidas, conversaciones animadas, objetivos en común y aventuras emocionantes. Sin embargo, al pasar los minutos, se produce un cambio significativo y una profunda tristeza inunda su corazón. Los ojos se le llenan de lágrimas mientras con la voz entrecortada describe la felicidad como sentirse protegida, cuidada y comprendida.

Cuando uno analiza el profundo anhelo expresado en las últimas palabras, no resulta extraño que la mujer cuestione: «¿No quiere Dios que yo sea feliz?».

A veces se busca donde no se debe buscar

¿Por qué la felicidad es tan esquiva? En parte, porque solemos buscarla, como el amor, donde no debíamos buscarla. Interpretamos la promesa de Dios de una vida abundante como si esto fuera disfrutar de una existencia celestial en la tierra, sin tristezas, sin dificultades, sin lágrimas. Esperamos que todos nuestros sueños se cumplan aquí y ahora, de manera que los buscamos en nuestras circunstancias, nuestras experiencias, nuestras posesiones y también en nuestro matrimonio.

El problema es que, estas cosas jamás han tenido el propósito de ser fuentes confiables de felicidad. Mientras continuemos esperando que estas cosas terrenales nos hagan felices, estamos condenados a sentirnos decepcionados muchas veces.

En uno de los salmos, el rey David escribe las siguientes palabras a Dios: «Me has dado a conocer la senda de la vida; me llenarás de alegría en tu presencia, y de dicha eterna a tu derecha»[1]. Fíjate que no dice: «Tú y mi esposa» ni tampoco «tú y mis hijos» ni «tú y mi matrimonio». Dios les dio el matrimonio al hombre y a la mujer como un regalo precioso, pero jamás tuvo la intención de que cubriera todas sus necesidades y anhelos. Ese es un papel que Dios se reserva para sí mismo. Él es el único que puede satisfacer los profundos anhelos de nuestra alma.

Ya sean esposos, amigos, padres o hijos, la gente en algún momento nos va a decepcionar. Aun las mejores personas tienen momentos en los que son egoístas, inmaduros y olvidadizos; pero Dios nunca es así. Su amor es el único amor que dura por siempre y que nunca falla[2].

Si eres como muchas de las mujeres con las que hemos conversado, comprenderás la profunda tristeza de tener un marido que no te valora. Él te ha decepcionado una y otra vez. Incluso puede que ni siquiera se dé cuenta de cuánto te ha herido, pero sus acciones te han ocasionado heridas tan dolorosas que has perdido todo sentimiento de amor por él.

Por supuesto, no eres feliz tampoco. Nadie lo sería bajo esas circunstancias.

El matrimonio es como la autopista y el divorcio es una salida. Cuanto más insistas en salirte de la autopista, jamás completarás el recorrido que Dios ha preparado para ti.

Autor anónimo

Felicidad que proviene de la fuente

Apreciada lectora, aunque sabemos bien que tu corazón está herido, te haremos una pregunta difícil. La hacemos porque sabemos que no puedes depender de tu marido ni de ninguna otra persona para ser feliz. En vez de darte por vencida, ¿estás dispuesta a permanecer y a confiar en que Dios llene los espacios vacíos de tu vida? Él es el único que puede darte toda la felicidad que buscas. Y la manera en que la provee es a veces sorprendente.

Ambos (Steve y Alice) hemos experimentado luchas traumáticas y dolorosas, pero también hemos descubierto que ese tiempo de sufrimiento ha sido el catalizador que Dios usó para ayudarnos a descubrir la intimidad con Cristo. Como tú, en medio de las dificultades, también quisimos hallar la salida, pero Jesús quería que halláramos paz en medio de ellas. La única manera de lograrlo era tratando de acercarnos más a Él[3].

Lo mismo sucede contigo. Aun en los momentos en que tus oraciones parecen sin respuesta, si esperas con paciencia Él te dará una paz que protegerá tu corazón y te dará una felicidad mucho más maravillosa de lo que puedas imaginar[4].

Anne Graham Lotz, hija del doctor Billy Graham, escribe lo siguiente acerca de una de las tormentas en su vida:

Estas tormentas de sufrimiento han aumentado y se han intensificado en mi vida porque Jesús deseaba que yo
    mejorara mi relación con Él,
        me enamorara aun más de Él,
            fortaleciera mi fe en Él,
                fuera más constante en mi caminar con Él,

llevara más fruto en mi servicio a Él,
me acercara más a su corazón,
mantuviera mi mirada en su rostro,
viviera solo para su gloria.⁵

Cuando vives para la gloria de Dios, la felicidad no es evasiva. No viene y se va como la marea sino que es una fuente constante que fluye.

En la Biblia, Dios lo llama gozo.

Diez pasajes de la Biblia para meditar

1.

Los que confían en el Señor renovarán sus fuerzas.

Isaías 40:31

2.

«El Señor tu Dios [...] se deleitará en ti con gozo,
te renovará con su amor».

Sofonías 3:17

3.

«Vengan a mí todos ustedes que están cansados y
agobiados, y yo les daré descanso».

Mateo 11:28

4.

Ni cosa alguna [...] podrá apartarnos del amor que Dios
nos ha manifestado en Cristo Jesús nuestro Señor.

Romanos 8:39

5.

«Para Dios todo es posible».

MARCOS 10:27

6.

«Porque yo sé muy bien los planes que tengo para ustedes [...] planes de bienestar y no de calamidad, a fin de darles un futuro y una esperanza».

JEREMÍAS 29:11

7.

Y la paz de Dios, que sobrepasa todo entendimiento, cuidará sus corazones y sus pensamientos en Cristo Jesús.

FILIPENSES 4:7

8.

Todo lo puedo en Cristo que me fortalece.

FILIPENSES 4:13

9.

Que nuestro Señor Jesucristo mismo y Dios nuestro Padre [...] los anime y les fortalezca el corazón, para que tanto en palabra como en obra hagan todo lo que sea bueno.

2 TESALONICENSES 2:16-17

10.

Depositen en él toda ansiedad, porque él cuida de ustedes.

1 PEDRO 5:7

El camino de Dios a la felicidad

A veces se ha mencionado la Biblia como el manual divino para la felicidad. Estudiarla y meditar en lo que dice es la única manera de descubrir lo que Dios desea para nosotros. Una vez que confías en la Biblia como en la autoridad para tu vida, dejas de basar tus decisiones en lo que piensan los demás o en lo que te parece bueno en ese momento.

¿Qué descubrimos acerca de la felicidad cuando le dedicamos tiempo a la Biblia? Por un lado, que Dios usa palabras como *contentamiento, gozo, plenitud* y *paz* con mayor frecuencia que la palabra *felicidad*. Y que jamás relaciona estas bellas expresiones con acciones que violen sus mandamientos y principios. De manera que, por ejemplo, como Dios considera el matrimonio algo hermoso y sagrado, abandonar a tu marido no te dará la felicidad que Dios desea para ti.

¿Desea Dios que seamos felices? Sí; pero no es la felicidad que debemos procurar a través de la realización personal, y no es el sentimiento que va y viene según sean las circunstancias y las posesiones. Dios desea que tengamos la clase de felicidad que permanece (gozo, paz, contentamiento) y esta solo se consigue al confiar en Él, al obedecerle y amarle, aun cuando sea difícil.

En su libro *Sacred Marriage*, Gary Thomas desarrolla una idea que nos ha resultado especialmente útil cuando las mujeres nos preguntan si Dios no quiere que sean felices. Él sugiere que tal vez el matrimonio no sea para hacernos felices sino para hacernos santos.

Thomas menciona que el matrimonio es más que un pacto sagrado con otra persona. Es además una disciplina espiritual diseñada para ayudarnos a conocer mejor a Dios, a confiar en Él de manera más plena y a amarlo más[6]. Puede que sea un concepto nuevo el de pensar que tu matrimonio es una herramienta que Dios usa para que desarrolles intimidad con Él. Sin embargo, creemos que si aceptas esta idea, verás cómo se revoluciona tu manera de pensar acerca de tu matrimonio. Tu relación pasa a ser una especie de ministerio; en especial si tu marido es una persona difícil de amar. Ya no se trata de ti y de tu felicidad sino de Dios y de lo que lo glorifica.

Esto puede parecer de poco consuelo al escucharlo por primera vez. Pareciera como si Dios quisiera que sufriéramos. Lo que significa en realidad es que Dios desea que crezcamos, en especial que nos acerquemos a Él, y Él hará todo lo posible por conseguir ese objetivo. Mientras tanto, si aceptas la idea de que la felicidad no es el principal objetivo del matrimonio, te librarás de muchas decepciones y desilusiones . Serás libre para depender de Dios en cuanto a tu verdadera felicidad, una felicidad que no está condicionada por las circunstancias positivas. Será una felicidad tanto interna como externa y nadie podrá quitártela.

¿Puede Dios...?

¿Puede Dios ablandar mi corazón? ¡Sí!

¿Puede Dios devolverme mi amor? ¡Sí!

¿Puede Dios transformar a mi marido? ¡Sí!

¿Puede Dios transformarme? ¡Sí!

¿Puede Dios hacer que mi esposo sea más amoroso? ¡Sí!

¿Puede Dios hacer que yo sea más amorosa? ¡Sí!

¿Puede Dios hacer que nuestro matrimonio sea bello? ¡Sí!

Luego de leer un borrador de este manuscrito, una mujer nos escribió para decirnos lo siguiente:

> Sigo luchando con la idea de irme de aquí o de que algo transforme por completo a mi marido. Tenemos altibajos y mentiría si dijera que ha sido sencillo. Jamás lo ha sido y hasta que mi marido no se rinda a Dios por completo, no lo será. (Pareciera que todo fuera su culpa pero sé que no es así). Solo quería que supieran que leí su libro como si lo hubieran escrito para mí. Ustedes dejan bien en claro que el propósito de Dios con nosotros no es hacernos felices sino santos. Creo que esto es clave cuando una mujer ha cerrado su corazón y está lista para marcharse. Quiero ser feliz, pero eso solo provendrá de Dios y de su gracia.

Si sufres por la infelicidad en tu matrimonio, esperamos que estas sean palabras que te ayuden en tu encrucijada matrimonial. Puedes elegir un camino que anuncia conducir a la felicidad pero en realidad te alejará de Dios, o puedes escoger un camino más difícil que te acerca más a Él.

Antes de tomar una decisión, pregúntate adónde conduce ese camino y dedica un tiempo a orar por eso. Esperamos que escojas el sendero que te lleve a un gozo transformador y abundante.

Algo para que lo intentes

Elige solo una de estas cosas...

- ¿Cómo describirías la diferencia entre felicidad y gozo? Enumera tres atributos contrastantes de cada uno.

  _____   _____

  _____   _____

  _____   _____

- Relee las ocho afirmaciones de Anne Graham Lotz en las páginas 206 - 207. Marca las que crees que Jesús quiere que experimentes durante estos días difíciles de tu matrimonio.

- Escribe varias frases que describan lo que sientes respecto de la cita de Gary Thomas al comienzo de este capítulo: «¿Y si Dios diseñó el matrimonio para hacernos santos más que para hacernos felices?».

- Escoge uno de los diez versículos mencionados en las páginas 207 - 208. Escríbelo en una ficha y memorízalo. Mientras lo haces, trata de pensar en cada palabra y agradece a Dios por su increíble amor y cuidado para contigo.

Capítulo 16

El juego de «¿Y si...?»

No consultes tus temores sino tus esperanzas y sueños.

PAPA JUAN XXIII

La semana pasada Christine llegó a un momento decisivo en su vida. Me dijo (habla Steve) que fue como una explosión de rayos de sol luego de largos períodos de densas nubes oscuras. Ella y su esposo Monte, habían estado ocupándose de algunos problemas serios en su matrimonio y estaban desmantelando las murallas que habían construido durante cuatro años. En vez de darse por vencida, ella había decidido permanecer.

Sin embargo, cuando Christine vino a verme ayer, parecía estar confundida e insegura acerca de lo que debía hacer. Monte no había vuelto a manifestar su carácter hosco y no habían tenido ningún encontronazo serio. Sin embargo, por alguna razón, Christine había comenzado a jugar el juego del «¿Y si...?» nada menos que con fichas negativas. A pesar de todo el progreso de ambos y de estar convencida de que Dios quería que permaneciera junto a su marido, todo lo que Christine podía pensar ayer cuando vino eran cosas como: *¿Y si Monte no cambia? ¿Y si comienza a no tenerme en cuenta de nuevo? ¿Y si vuelvo a sufrir? ¿Y si en verdad fuera más feliz si me separo?* Como resultado de estos «¿Y si...?», el temor tomó el lugar de la esperanza y Christine se preguntaba si de veras deseaba seguir intentándolo.

Escollos

Quizá te sientas como Christine en relación a tu matrimonio. Ciertos días estás segura de que tú y tu marido podrán construir un maravilloso futuro juntos. En otros días, deseas huir y ni siquiera mirar atrás.

Existen cinco «¿Y si?» que son comunes y hacen que las mujeres duden de su decisión de permanecer en el matrimonio. Uno solo bien puede hacerte sentirte molesta e indecisa, y algunas mujeres piensan en los cinco... Lo bueno es que una vez que los enfrentas, los «¿Y si?» pierden poder. De manera que analicemos estos escollos y eliminémoslos uno a uno:

¿Y si no puedo confiar en él? Cuando te casaste con tu marido, le entregaste tu corazón, tu cuerpo y tus sueños. Por una u otra razón él traicionó esa confianza, pisoteó tus sentimientos y no te supo valorar. Te prometiste a ti misma que jamás lo dejarías acercarse de nuevo a tu corazón; y ahora, aunque quieres confiar en él, descubres que no estás muy decidida.

La confianza es frágil porque las heridas tardan mucho en sanar, pero la falta de confianza te mantiene por siempre amarrada al pasado. En vez de persistir en la conducta anterior de tu esposo, trata de ver con claridad su conducta actual. ¿Puedes ver evidencia de que tomó conciencia y ha comenzado a cambiar o al menos lo intenta? Si él sigue haciendo las mismas cosas que te produjeron heridas y dolor, tus dudas son justificadas. Pero si parece interesado en producir cambios, intenta darle otra oportunidad. No te des por vencida solo porque el cambio sea difícil y la reconstrucción de la confianza lleve tiempo. Observa y espera un poco más para ver lo que Dios puede hacer en la conducta de tu marido y en tu corazón.

> ### Perdonar
>
> *Perdonar es liberar a un prisionero*
> *y descubrir que el prisionero eras tú.*
>
> *Perdonar es regresar al pasado doloroso*
> *y recrearlo en la memoria*
> *para poder volver a empezar.*
>
> *Perdonar es bailar al ritmo del corazón perdonador de Dios.*
>
> *Perdonar es remontar la cresta de la ola más fuerte del amor.*
> Lewis B. Smedes[1]

¿Y si no puedo perdonarlo? Es mucho más sencillo escribir acerca del perdón que perdonar; pero sabemos por experiencia que es la única manera de avanzar. Tu esposo no puede borrar todos los terribles errores y las tontas faltas de sensibilidad, y estas pueden haberse acumulado de tal forma que ni siquiera puedes ver a través de ellos. Te encuentras atrapada en una habitación llena de dolor y por muy difícil que sea perdonar, es la única llave que puede destrabar la puerta. Permanecer en el cuarto con esos horribles recuerdos solo multiplicará tu dolor.

Cuando te han herido profundamente, el perdón parece ser un proceso sin fin. Crees haber dejado atrás todas las heridas para luego darte cuenta de que vuelven a agobiarte. Puede que pases por el proceso mencionado en el capítulo 7 más de una vez y que tengas que hacerlo de nuevo. Puede haber momentos en los que tu sentimiento de justicia se rebela ante la idea de perdonar a tu marido por el dolor que te ha causado. Perdonarlo puede ser para ti como dejar que se salga con la suya en algo terrible. Casi con seguridad, puede parecerte que es algo que no merece.

En esos días difíciles en que el perdón no solo parece duro sino también indeseable, te instamos a que clames a Jesucristo y le pidas que te ayude a lograrlo. Él comprende más que nadie por lo que estás pasando. ¡Cuánto valor le dará Jesús a tu intención de perdonar de la misma manera en que Él te perdonó a ti![2]

Quizá te ayude saber que perdonar no es lo mismo que olvidar. No puedes borrar los recuerdos solo porque quieras hacerlo. Sin embargo, puedes elegir hacerlos a un lado y seguir adelante. Aunque lleva tiempo, es posible. Cuando elijas perdonar, los recuerdos vívidos de lo que tu esposo hizo se irán esfumando hasta ser un poco menos dolorosos.

¿Y si no puedo dejar de lado el enojo? Cuanto más tiempo hayas pensado en los errores y falta de sensibilidad egoísta de tu marido, más enojada estarás. Este enojo continuo puede ser muy incómodo, además de dañino, pero puede sentirse bien porque te da sensación de poder sobre tu esposo. Quizá uses tu enojo como justificativo para prescindir de él, despreciarlo, mantenerlo distante, gritarle en la cara y aun dejarlo.

Abandonar el enojo puede significar que depongas un poco de este poder y tal vez te resistas a hacerlo. Puedes tener pensamientos como: *Él me lastimó, ¿por qué no puedo hacer lo mismo con él?* Quieres hacerle sentir la soledad, el rechazo y el abandono que has sentido. O quizá te sientes demasiado vulnerable sin tu enojo para dejarlo de tener.

Si tu esposo manifiesta un arrepentimiento sincero por haberte lastimado y ofrece algún tipo de restitución, es momento de seguir adelante. Concentrarte en su esfuerzo de reconciliación más que en lo que hizo mal te ayudará a que el enojo se vaya. Sin embargo, aunque él no tenga un corazón humillado por sus errores, guardarle rencor y desear venganza terminará hiriéndote más a ti que a él. Permanecer aferrada al enojo proyectará una larga sombra sobre tu vida y teñirá tu futuro de amargura. Cuando menos, te mantendrá aferrada al pasado oscuro. Dejar que se disipe te permitirá entrar a un futuro brillante.

¿Cómo puedes olvidar el enojo de manera positiva? Cuando el enojo golpea por primera vez, muchas mujeres hallan alivio *expresándolo* o *escribiendo* en su diario. Otras, descubren que *hacer actividad física* u *ocuparse del jardín* les trae alivio. En otros casos, les sirve *dedicarse a la pintura*, a la *escultura* o a *confeccionar un acolchado*. Sin embargo, si en tu mente y en tu corazón continúas la lucha por dejar atrás el enojo quizá necesites alguna clase de ritual para ponerle fin. *Eliminar físicamente las cosas* que te recuerdan el enojo, redecorar el lugar donde haya ocurrido la ofensa o escribirla y quemar el papel suelen ser de ayuda para muchas. Si te cuesta dejar de lado el enojo, te sugerimos que vuelvas a leer en el capítulo 8 los pasos que allí se exponen. En realidad dan resultados.

¿Y si no quiero cambiar de idea? Llegado a este punto, has dedicado mucho tiempo y valor para llegar al punto en que estás lista para marcharte. Quizá trazaste un plan e incluso lo

comentaste con amigas comprensivas. Sientes cierto alivio y seguridad en haberlo hecho, y la idea de cambiar de idea parece un gigantesco y vergonzoso paso atrás.

Es probable que, en lo profundo de tu corazón, no quieras ver que tu matrimonio mejore. Aun cuando tu marido comience a hacer aquellas cosas que deseabas que él hiciera, puedes sentirte molesta de que le haya tomado tanto tiempo hacerlo o de que hayas tenido que trabajar tan duro para lograr que finalmente él tomara conciencia de que su relación van cuesta abajo. Tus pensamientos y deseos pueden ya estar en otra parte, y aunque tu esposo comience a hacer progresos para convertirse en la clase de hombre por el que estuviste orando, puede parecerte demasiado poco y demasiado tarde.

Todos estos sentimientos son comprensibles, pero ¿en realidad deseas basar una decisión importante de la vida en el orgullo, el resentimiento y la obstinación? Cuando ni siquiera quieres considerar un cambio de opinión, puede que estés endureciendo tu corazón ante Dios y ante tu esposo, y sabemos que eso no es lo que deseas. Mantener un corazón tierno y una actitud abierta no significa que seas tonta ni que seas fácil de engañar. Indica que deseas escuchar la voz de Dios y ser sensible a su toque. Un corazón tierno abre el camino para que descubras los grandes sueños que Dios planeó para tu futuro[3].

¿Y si no deseo abandonar mi recién descubierta libertad? Si has hecho planes para marcharte (o ya lo hiciste), tal vez estés experimentando una sensación de alivio y de libertad. Haberte apartado de los desafíos, las molestias y la carga de tu matrimonio quizá te haga sentir bien. Te agrada poder hacer lo que deseas,

cuando lo deseas y con quien lo deseas; y no tienes que buscar la aprobación de tu esposo, y ni siquiera tienes que preocuparte por lo que él piense o diga al respecto.

En determinado momento, en la mayoría de las parejas, la idea de esta clase de libertad suena bien a las esposas, y también a ellos. Sin embargo, según cualquier mujer separada pronto descubre, las nuevas fantasías se derrumban tan pronto como las antiguas. ¿Qué adulto, casado o soltero, puede hacer lo que le venga en ganas? Las probabilidades son de que lo que ahora parece ser libertad pronto será una tanda de nuevas dificultades que se sumarán al remordimiento y a la tristeza por todo lo que uno dejó atrás.

El mañana tiene dos manijas.

Podemos asirnos de la manija de la ansiedad,

o de la manija de la fe.

Henry Ward Beecher

Hay que depender de Dios

Para los cristianos, la solución a todos los «¿Y si…?» de la vida depende de pedir la guía y la ayuda de Dios. Cuando somos obedientes a Él, jamás tenemos que mirar al futuro con temor ni al pasado con arrepentimiento. Sin embargo, incluso esto puede ser problemático si estás cansada de luchar y tratar de mejorar tu matrimonio. Puedes conocer todos los versículos acerca de lo que Dios quiere para ti, pero estás tan decepcionada con tu matrimonio que no te interesan. Incluso puedes haber llegado al punto en el que no *deseas* depender más de Dios. Ya no te preocupa hacer lo que Él quiere. Casi tienes incluso decidido separarte de Dios, así como te separaste de tu esposo.

No es que planees alejarte de Dios para siempre, pero en este momento tal vez estés enojada y decepcionada. Te sientes incómoda con otros cristianos e ir a la iglesia puede provocar emociones de culpa y marginación. Hasta orar te parece algo vacío y hueco porque parte de ti no desea escuchar la voz de Dios. ¿Y si Dios te pide que cambies? ¿Y si Dios te pide que perdones? ¿Y si Él te pide que continúes con tu matrimonio?

Si pudiéramos estar sentados junto a ti en este momento, deseamos que percibas la profunda compasión que sentimos por ti. Te darías cuenta de que nos preocupan demasiado tú, tu marido y tu familia para dejar que te marches. Con todo el fervor que uno puede imprimir a una página escrita, rogamos anhelantes que abras tu corazón a Dios para que escuches lo que Él quiere decirte acerca de tu matrimonio. Te alentamos especialmente a que descanses en Él y en su sabiduría, porque jamás necesitaste a tu Padre celestial tanto como ahora.

Si no estás leyendo la Biblia de forma regular, te sugerimos que comiences hoy mismo con los Salmos. Al principio de muchos de los Salmos, el escritor está sin esperanzas, pero a medida que escribe acerca de sus problemas, llega al punto en que deposita su confianza en Dios a pesar de lo que le está pasando. Intenta leer uno o dos salmos por día y pídele a Dios que te muestre la manera de depender de Él y te recuerde las muchas formas en las que puede sanarte y renovarte. Uno de nuestros preferidos es el Salmo 40, que promete que Dios escuchará tu clamor, pondrá un cántico nuevo en tu corazón y te mostrará su compasión y su misericordia. Finaliza diciendo que Dios será tu socorro y tu libertador.

Una nueva tanda de «¿Y si…?»

En el libro de Martha Bolton, *Still the One*, descubrimos una maravillosa lista de «¿Y si…?»[4] Mientras piensas en las respuestas a estos interrogantes, rogamos a Dios que los uses para reemplazar los «¿Y si…?» tan negativos y llenos de dudas que albergas en tu mente:

¿Y si…

… el pasto no es más verde del otro lado del complejo de apartamentos?

… descubres que los niños no están mejor sin ti?

… desechas algo que es irreemplazable?

… no lo puedes recuperar?

… no te hubieras marchado?

… le dieras otra oportunidad?

… se vuelven a enamorar?

… esta vez las cosas son en verdad diferentes?

… lo logran?

Algo para que lo intentes

Elige una sola de estas cosas...

- De los cinco «¿Y si...?» mencionados en las páginas 214 - 219, ¿cuál o cuáles inundan más tus pensamientos? Toma la lista de Martha Bolton de la página anterior como ejemplo e intenta cambiar los «¿Y si...?» negativos por positivos.

- ¿Te ha resultado imposible perdonarle algo a tu marido? ¿Qué debe hacer él para ayudarte a que lo perdones? Busca el momento para comentarlo con él durante esta semana.

- ¿Hay algo que tu marido no te ha podido perdonar? ¿Qué debes hacer para que él pueda perdonarte?

- En su libro *Los cinco lenguajes del amor*[5], Gary Chapman menciona cinco acciones que ayudan a que las personas se sientan amadas:

  - palabras de afirmación
  - tiempo de calidad
  - regalos
  - actos de servicio
  - contacto físico

- Comenta con tu esposo cuál de estas es la que más te hace sentirte amada y pregúntale cuál es la más significativa para él. Luego piensa de qué manera puedes decirle «te amo» en su lenguaje del amor en algún momento dentro de las próximas cuarenta y ocho horas.

Capítulo 17

Sueña nuevos sueños

*Los diamantes no pueden pulirse sin fricción
y la vida humano no puede perfeccionarse sin las pruebas.*

AUTOR DESCONOCIDO

aunque hayas considerado la idea de separarte de tu esposo, el haber llegado hasta aquí con la lectura indica que aún hay posibilidades para tu matrimonio. Si perseveraste en tu compromiso de orar por tu marido todos los días y de leer estos capítulos con el apoyo de una amiga de confianza, ya estarás viendo algún progreso, o al menos estarás entiendo lo que está mal en tu matrimonio.

Es probable que seas consciente de cuánto resta por hacer. Tu matrimonio puede seguir muy alejado de lo que soñaste tiempo atrás. En vez de girar con gracia por el salón de baile, los pasos de tu esposo (y tal vez también los tuyos) quizá sean torpes e inseguros. Sin embargo has abierto tu corazón y has escuchado con atención, y esperamos que aún percibas la música. Si estás dispuesta a asumir el riesgo de acercarte a tu esposo para seguir bailando, sabemos que notarás que la danza, con el tiempo, fluirá con armonía. A pesar de todas las pruebas y los problemas, o debido a ellos, finalmente podrán comenzar a marchar juntos con una fluidez que jamás creyeron posible.

Sí, aún persisten las heridas del pasado, pero pueden sanar a su tiempo. Y sí, también es cierto que habrá algunos traspiés, como lo expresa Karla Downing en *10 Lifesaving Principles for Women in Difficult Marriages*: «Tu esposo no será todo lo que deseas que sea, ni tampoco tú serás todo lo que él pretende que seas. Cuando ambos lleguen al punto de aceptarse como seres imperfectos que alguna vez se decepcionan el uno del otro, habrán comenzado a sanar los dos»[1].

Sanar es una palabra maravillosa y podrá producirse si estás dispuesta a volver a empezar, a caminar por fe y a orar de manera constante para que tu matrimonio se convierta en todo lo que Dios desea que sea.

Una nueva promesa

¿Puedes volver atrás las páginas del tiempo y recordar los santos votos matrimoniales que hiciste en el día de tu boda y que te ligaron a él de por vida? No solo fue una promesa hecha entre ustedes sino también ante Dios. Aunque ustedes escribieran sus propias palabras, es probable que hayan prometido amor sacrificial y fidelidad mutua. Garantizaron que pasara lo que pasara, siempre estarían juntos.

Quizá no comprendieron exactamente lo que estaban prometiendo aquel día memorable. Debido a la emoción, quizá solo mirabas el costado soñado del romance. Claro, esperabas que tu amor fuera cada vez más bello y más precioso. Esperabas que se hiciera cada vez más profundo, más fuerte y más unido. En cambio, se separaron. Ahora es el tiempo de volverse a unir y renovar su promesa.

Un voto

Si las cosas marchan mejor, te amaré.

Si las cosas empeoran, te amaré.

Si nos volvemos más ricos de lo que jamás soñamos, te amaré.

Si nos volvemos pobres y no tenemos nada, te amaré.

Si te enfermas, te amaré.

Si permaneces saludable, te amaré.

… no importa lo que pase, siempre te amaré.

Gary y Barbara Rosberg[2]

Si seguiste nuestra sugerencia en cuanto a trabajar con este libro, estuviste orando por tu esposo de manera constante. Ahora queremos pedirte que ores por tu matrimonio como nunca antes lo has hecho. Pídele a Dios que aumente tu afecto por tu marido y que aumente también el afecto de tu esposo hacia ti. Agradece a Dios por cada cualidad buena de tu esposo y por todo dulce recuerdo compartido. Ruega a Dios que te libre de la falta de perdón y de la amargura que aún hay en tu corazón. Permite que Dios cambie en belleza tus cenizas. Invítalo a que sea el centro de tu vida y el Señor de tu matrimonio.

Y luego, tan pronto como puedas, nos gustaría que dieras un paso más: que se unan para renovar sus votos sagrados de matrimonio.

En este momento la tarea de restaurar ese compromiso puede parecer abrumadora o una pérdida de tiempo. Puede que estés demasiado cansada para siquiera pensar en ello, o incluso puedes oponerte a la idea porque tienes dudas acerca de cómo va a resultar todo. Aunque tengas temores, hay un momento en que debes dar pasos de fe. No estarás sola. Contarás con las oraciones y el apoyo de todos los que consideran sagrado el matrimonio y puedes confiar en que Jesús te fortalecerá[3].

La renovación de los votos no necesita ser una gran ocasión, aunque bien puede serlo. Sin embargo, sea que lo hagas en un rinconcito romántico solos tú y él o en una celebración con familiares y amigos, haz que sea un momento especial. Tómense tiernamente de la mano, mírense a los ojos y pidan a Dios que les dé la fortaleza necesaria para tomar la decisión de permanecer unidos el uno con el otro.

Mientras tú y tu esposo piensan lo que cada uno va a expresar, traten de incluir estos diez puntos:

Nos comprometemos a…

- Ser uno: Permaneceremos unidos en cuerpo, alma y espíritu.

- Alentarnos: Nos diremos la verdad en amor, procurando alentar al otro en todo lo que digamos.

- Estar juntos: Dedicaremos tiempo de calidad para estar juntos, para disfrutar de nuestro romance, para reír, para escucharnos, para compartir y hacernos compañía.

- Priorizar: Pondremos al otro por encima de cualquier otra persona, excepto Dios.

- Alimentar: Alimentaremos y mejoraremos nuestras relaciones asistiendo a seminarios, leyendo libros para matrimonios, buscando consejeros y descubriendo otros recursos que nos ayuden a mejorar nuestro matrimonio.

- Ser fieles: No dañaremos nuestra relación involucrándonos en actividades que pudieran conducir a la intimidad física o emocional fuera del matrimonio.

- Ser sinceros: No vamos a mentirnos, ni a engañarnos ni a tener secretos entre nosotros.

- Protegernos: Nos protegeremos física, económica, emocional, social y espiritualmente.

- Tener comunión: Nos involucraremos en una iglesia o grupo en el que hallemos amigos que valoren el matrimonio y la familia.

- Resistir: Tomaremos en serio nuestra promesa de amarnos y respetarnos todos los días de nuestra vida «hasta que la muerte nos separe».

Soñar nuevos sueños

Cuando hayan renovado sus votos, dediquen tiempo a soñar nuevos sueños para su futuro juntos. Quizá deseen disfrutar de una segunda luna de miel, descubrir un ministerio que puedan desarrollar codo a codo, o imaginar el momento en que puedan retirarse a vivir en una cabaña en el campo. Decidan lo que decidan, den los primeros pasos para convertir su sueño en realidad. Mantengan conversaciones sobre sus sueños con frecuencia, con mucha frecuencia, porque se crean lazos importantes cuando uno comenta objetivos y aspiraciones en común. La capacidad para permanecer unidos durante los problemas más duros se verá muy influida por los sueños que se construyen durante los buenos tiempos.

¡Estamos emocionados por su futuro! El amor que resiste a pesar de las dificultades puede convertirse en un amor más profundo, más vasto, más puro y más bello de lo que jamás hayas imaginado. Han estado en nuestro corazón y en nuestras oraciones durante todos los meses que demoramos en escribir este libro, y seguiremos orando y soñando contigo. Tratamos de imaginarnos a ti y a tu esposo dentro de algunos años y podemos verlos mucho más consagrados el uno al otro que cuando recién se enamoraron.

Un autor anónimo escribió la siguiente historia. La dedicamos a ustedes como tributo a su amor:

¿Puede haber algo más hermoso que el amor joven? Sí, existe algo aun más bello. Es el espectáculo que brindan una pareja de ancianos que terminan juntos su jornada. Tienen las manos nudosas, pero todavía unidas; sus rostros, agrietados pero radiantes; tienen el corazón físicamente agotado, pero aún lleno de amor y devoción del uno por el otro.

Sí, existe algo más bello que el amor joven: el amor maduro[4].

Algo para que lo intentes

Elige solo una de estas cosas…

- Si tú y tu esposo pudieran reescribir y renovar sus votos, sabiendo que ambos cumplirán su promesa, ¿qué les gustaría incluir? ¿Qué dudarían en incluir? (¿Les dice algo esto en cuanto a los asuntos de su matrimonio de los que aún necesitan ocuparse?)

- Comenta con tu esposo los diez compromisos de las páginas 226 - 227. Marquen con un círculo aquellos que desean mejorar durante el año que viene. Tómense de las manos y comprométanse con sinceridad a cumplir tantos como puedan en este momento de su matrimonio.

- En su próximo aniversario de casados, piensen en renovar sus votos matrimoniales. Soliciten a un pastor que los dirija e inviten a su familia y amigos cercanos. ¡Celebren con globos y confeti!

- Nos encantaría saber de ti. Por favor, dedica unos momentos a enviarnos una nota a:
  Multnomah Publishers, Inc.,601 N. Larch Street
  Sisters, Oregon 97759
  Si desearas solicitar una charla, ver la información para contactarnos en nuestro sitio en la red:
  www.thewornoutwoman.com

- Sigue soñando nuevos sueños… ¡siempre!

Codo a codo: Una guía para realizar encuentros

Un hombre caminaba por el desierto. Se perdió y no hallaba el camino. Otro hombre le salió al encuentro: «Señor, estoy perdido, ¿podría mostrarme la salida de este desierto?». «No», respondió el extraño. «No puedo mostrarle la salida, pero si caminamos juntos, tal vez la descubramos».

Emery Nester[1]

A comienzos de este libro, pedimos a las lectoras que se comprometieran a reunirse con regularidad con un pastor o una amiga de confianza durante tres meses para analizar algunos de los temas que las llevó a considerar la idea de marcharse. Esta breve guía está diseñada para facilitar esos encuentros y proporcionar una estructura que promueva el comentario.

A los propósitos de esta guía, te sugerimos que se encuentren una vez por semana durante una hora en un sitio confortable para ambos. Como son diecisiete capítulos y solo hay trece semanas en tres meses, necesitarán tomar una decisión acerca de cómo acomodar esto. Ya sea que traten más de un capítulo en algunos encuentros, que se reúnan más de una vez por semana, que se estén reuniendo por un período más largo o que seleccionen los capítulos que consideran más importantes, depende de ustedes. Deben decidirlo en la primera cita.

La guía para cada encuentro contiene preguntas para que los dos respondan y comenten, y una «tarea» para el hogar, para que la persona que recibe el apoyo las realice entre un encuentro y otro. (La lectura del capítulo que sigue es parte de esa tarea para ambos). Tengan en cuenta que estos encuentros no reemplazan la terapia con un profesional, y que quien preste este servicio no necesita estar acreditado como consejero. La idea es la de ser una fuente de apoyo y aliento, de ofrecer sus sinceros comentarios que ayuden a la mujer que está a punto de darse por vencida a explorar sus sentimientos y comprender sus opciones.

Unas palabras para la mujer que desea marcharse

El mensaje fundamental de todo el libro es *no pierdas las esperanzas*, y nuestra oración es que durante todo el proceso de los encuentros puedas redescubrir la esperanza en tu matrimonio. Aunque pienses que estos encuentros no harán que cambies tu decisión, te pedimos que dejes de lado ese pensamiento durante el período en que vayan a reunirse. Trata de mantener la mente abierta aunque tu corazón esté cerrado y confía en que Dios obrará en tu vida si le das una oportunidad de hacerlo.

Unas palabras para la ayudante

Es maravilloso que estés dispuesta a recorrer este camino junto a alguien que atraviesa este momento de dificultad. Estamos conscientes de que equilibrar la compasión y el aliento con el consejo sabio es una tarea desafiante, pero también creemos que lo que estás haciendo puede producir una diferencia monumental en la vida de otra persona. No necesitas ser profesional para hacerlo. Todo lo que necesitas es el deseo de servir y un compromiso con la sinceridad y la esperanza. Si eres un pastor, un consejero o un amigo interesado, confiamos que las siguientes sugerencias podrán ayudarte.

Durante los encuentros, traten de desarrollar ese sentido de relación. La mujer con la que te reúnes necesita saber que te preocupas por ella y que la estás escuchando. A veces, cuando escuchamos, estamos tan concentrados en lo que vamos a responder que no prestamos atención a las heridas, temores y frustraciones que el otro transmite. El sencillo acto de escuchar puede ser un instrumento de la gracia de Dios.

Sin embargo, escuchar no significa que uno no vaya a decir nada ni que vaya a coincidir con todo lo que la mujer exprese. Es importante compensar su frustración y negativismo recordándole los aspectos positivos de su matrimonio y de su esposo. Al hacerlo, trata de añadir notas de esperanza.

Además, aunque las emociones necesitan escucharse y validarse, pueden conducir a decisiones equivocadas. Una mujer que quizá esté a punto de separarse, con frecuencia toma decisiones emocionales sin pensar en la totalidad de las consecuencias. Cuando esto suceda, es adecuado decirlo. Habla con libertad de tus propias experiencias y las enseñanzas que sacaste de ellas. No sientas temor de comentar lo que opinas, siempre dentro del contexto de tu preocupación por ella y estando plenamente consciente del dolor que la ha llevado a buscar tu consejo.

En todo lo que digas, procura hablar la verdad en amor. La manera más rápida de hacer que alguien se cierre es tener una actitud insensible o condenatoria. Lo mismo sucede cuando se dan respuestas para salir del paso.

Por sobre todas las cosas, trata de ser paciente. Tal vez sientas la necesidad de decir algo profundo que lleve a un inmediato reconocimiento de la situación y a un inmediato compromiso con el matrimonio. Sin embargo, las mujeres que han llegado al punto de pensar en darse por vencidas, han sufrido una serie de heridas y luchas emocionales, de manera que el camino hacia la restauración y la reconciliación es probable que sea largo. Como mencionáramos en el capítulo 9, es importante darse cuenta de que el cambio rara vez se produce a pasos agigantados sino que por lo general sucede de a pasitos vacilantes, a veces con algunos pasos para adelante y varios para atrás. Una de nuestras funciones como ayudantes es señalar el progreso durante esos pasos hacia adelante y brindar apoyo y aliento durante los momentos de retroceso.

En todo esto, estamos seguros de que la oración es una de las herramientas más poderosas. Te animamos a que dediques tiempo entre uno y otro encuentro para orar, y que pongas en las manos de Dios todo el proceso y le pidas sabiduría y dirección divina. Además, si la mujer con la que te reúnes estuviera de acuerdo, recomendamos que oren brevemente antes y después de cada encuentro. Hemos descubierto que cualquiera que sea la creencia de la persona, la mayoría de las veces aprecia una oración sincera.

Valoramos sinceramente a las personas que, como tú, están dispuestas a dedicar tiempo y esfuerzo para acompañar a otros. Rogamos a Dios que te bendiga ricamente así también como a la persona que intentas ayudar.

Una guía para los encuentros

Prólogo: Manteles de lino a la luz de las velas

El propósito de la primera cita es ponerse al tanto y sentar las bases de confianza y comprensión para los futuros encuentros. Las siguientes preguntas pueden serte de ayuda:

Ideas para el debate

1. De haber estado en la fiesta que se describe en el prólogo y si hubieras tenido la oportunidad de hablar en forma privada durante cinco minutos con el doctor Steve, ¿qué le hubieras dicho acerca de tu matrimonio?

2. Argumenta sobre lo que necesitarías escuchar de parte de tu esposo para tener esperanzas de que tu matrimonio de veras puede sobrevivir.

3. Repasa los tres primeros puntos de «Algo para que lo intentes» en la página 21. Elige al menos uno que te agradaría comentar en este primer encuentro y dediquen un tiempo a conversar sobre ello.

Tarea

Consigue un diario, un anotador o un cuaderno en el que puedas registrar tus pensamientos durante todo el proceso de trabajar en la recuperación de tu matrimonio. Esta semana, escribe los altibajos a medida que acontezcan. Antes del próximo encuentro, relee tus anotaciones.

Capítulo 1: ¿Qué sucede?

Ideas para el debate

1. Habla acerca de tus altibajos durante la semana pasada. ¿Descubres algún patrón común en lo sucedido? ¿Qué servía como disparador para los buenos momentos? ¿Y para los malos?

2. Si todavía no lo has hecho, completa los «síntomas que hayas experimentado en las últimas semanas» de las páginas 26 - 28 y dale un puntaje a tu lista según se indica. ¿Es tu puntaje mayor o menor de lo esperado? ¿Te sorprendió la frecuencia con la que experimentas algunos de los síntomas o acaso el leerlos te afectó emocionalmente? ¿Por qué crees que reaccionaste de esa manera?

3. Comenta lo que sientes al reunirte con tu ayudante. ¿Cuáles son tus expectativas o lo que esperas de estos encuentros con el propósito de ocuparse de tu matrimonio? ¿Sientes que vale la pena el esfuerzo? (Si alguna de las dos se siente reacia con este proceso, lean los siguientes pasajes: Proverbios 12:15; 15:22; 19:20).

Tarea

Busca el pasaje de Isaías 61:1-3 citado en la página 29. Imagina cómo sería si Dios tocara tu matrimonio de tal manera que tengas corona en vez de cenizas, aceite de alegría en vez de luto, traje de fiesta en vez de espíritu de desaliento. Piensa en cómo se vería tu matrimonio luego de que Dios lo toque de esa manera.

Capítulo 2: Sueños perdidos

Ideas para el debate

1. Dedica un tiempo a expresar ideas respecto a cómo formaste tus expectativas en cuanto al matrimonio. Piensa en fuentes como la familia de origen, los pares, las novelas, la televisión, la iglesia y los seminarios.

2. Además de tu pareja, ¿cuáles han sido las mayores decepciones de tu vida? ¿De qué forma te afectaron? ¿Qué hiciste para atravesar o superar estas desilusiones?

3. ¿De qué maneras te ha decepcionado tu marido? ¿En qué lo has decepcionado tú a él?

Tarea

Enumera las distintas maneras por las que intentaste transmitirle a tu esposo las decepciones que sientes.

Capítulo 3: Él no lo entiende

Ideas para el debate

1. Comenten los resultados de la tarea asignada.

2. ¿En qué sentido son los hombres como búfalos y las mujeres como mariposas? ¿Opinas que esto describe con exactitud la manera de comunicarse de ustedes como matrimonio? ¿Qué otras metáforas podrían describir las diferencias entre hombres y mujeres? ¿Y entre tú y tu esposo?

3. ¿En qué tres cosas específicas sientes que tu esposo no comprende tus necesidades? En esas cosas, ¿qué desearías que él comprendiera en cuanto a tus pensamientos y sentimientos? ¿Qué es lo último que has hecho que haya sido eficaz en cuanto a transmitirle a tu esposo el dolor que experimentas? ¿Y que no haya surtido efecto?

4. Comenten cuál sería la mejor manera de charlar con tu esposo acerca de los siguientes asuntos:

   - qué necesitas de él
   - cómo lo necesitas
   - cuándo lo necesitas
   - por qué lo necesitas

Nota: No lo agobies tirándole todas las necesidades encima de una sola vez. Es mejor ir poco a poco.

5. Analicen juntas el cuadro de la página 54 (sobre las cosas a las que marido y mujer deben prestar atención). Comenten los distintos puntos y luego marca tres de la lista de «pongan atención a...» en los que piensas concentrarte durante la semana que sigue.

Tarea

Al concentrarte en los puntos que has marcado del cuadro «pongan atención a...», anota algunas de las reacciones de tu esposo ante tus atenciones. Además, fíjate en cómo te sientes al hacerlas.

Capítulo 4: ¿Qué pasó con los buenos tiempos?

Ideas para el debate

1. Comenta los resultados de la tarea de la semana. ¿Cómo te sentiste cuando le prestaste especial atención a tu esposo?

2. Describe algunos de los mejores o más recordados recuerdos que haya en tu corazón relacionados con tu matrimonio. (Piensa en los recuerdos de cómo se conocieron, cuando se enamoraron, cuando te propuso casamiento, la luna de miel, sus vacaciones preferidas, las fiestas de cumpleaños de los hijos, etc).

3. De los cinco momentos vulnerables del matrimonio enumerados en las páginas 63 - 65, comenta cuáles piensas que son los más difíciles y por qué. ¿Qué estrategias podrían ayudar a las parejas a atravesar estos momentos de dificultad? ¿Cuáles se aplican de manera específica a ti y a tu matrimonio?

Tarea

Piensa en una actividad o tradición matrimonial que te gustaría iniciar en los próximos meses. Anota los detalles y el primer paso para que suceda.

Capítulo 5: Cuidemos el tanteador

Ideas para el debate

1. Comenta la tarea de la semana pasada. ¿Le mencionaste a tu esposo la actividad o la tradición que te gustaría iniciar

con él? De ser así, ¿cuál fue su respuesta? Si no se lo mencionaste, ¿por qué no lo hiciste?

2. Repasa la idea del banco personal de amor que se describe en el capítulo y piensa qué han hecho en cuanto a eso tú y tu esposo en los últimos días. ¿Cómo crees que está tu estado de cuenta en el banco del amor? Marca uno y comenta:

- ❏ más lleno que vacío
- ❏ necesita depósitos regulares
- ❏ saldo apenas a favor
- ❏ una extracción más y la cuenta queda en rojo
- ❏ sobregirada pero a la espera de un depósito
- ❏ ha estado con balance negativo por algún tiempo
- ❏ en bancarrota

3. ¿Cómo crees que describiría tu esposo su estado de cuenta en el banco del amor? (Si él sigue en negación, podrías añadir la categoría: «llena y rebosante»).

4. Comenta lo que significa «calificar con gracia» según se explica en este capítulo. Si tu cuenta en el banco del amor ha estado sobregirada por algún tiempo, ¿qué pensarías de darle a tu marido una nueva oportunidad? Si descubres que te resistes a la idea, explica por qué crees que sería tan difícil.

Tarea

Escoge al menos una de las ideas de «Algo para que lo intentes» de la página 79. Prepárate para comentar lo que hiciste en el próximo encuentro.

Capítulo 6: Lo negativo del divorcio

Ideas para el debate

1. ¿Cuándo estuviste a punto de decidir el divorcio? ¿Cuáles fueron los motivos más convincentes? ¿Qué impidió que lo hicieras?

2. De las «razones para arrepentirse» mencionadas en este capítulo, ¿cuáles consideras que son las más convincentes? ¿Cuáles no te convencen para nada? ¿Qué te hace sentir así?

3. Si te separaras hoy de tu esposo, ¿qué «bagaje» es probable que lleves a tu próxima relación? (¡Todos tienen alguno!)

4. Actúa cómo si estuvieras aconsejando a alguien que piensa divorciarse. (Nota: en tu actuación, evita las cuatro A: abandono, adicciones, abuso y adulterio).

Tarea

Divide una hoja de papel en dos columnas bajo los títulos «razones para irme» y «razones para quedarme». Usa este capítulo como guía y enumera tantas razones como puedas en ambas columnas. Sé sincera al completarla y llévala al siguiente encuentro.

Capítulo 7: Es tan doloroso...

Ideas para el debate

1. Presenta la lista que preparaste como parte de tu tarea. ¿Qué sentiste al poner algunas de esas cosas por escrito? (Deja esta lista de lado por el momento y vuelve a revisarla cuando hayas finalizado el libro. Predecimos que cambiarán algunos de tus sentimientos).

2. ¿Qué heridas de tu marido te cuesta perdonar u olvidar? ¿Qué cosa que él hizo la semana pasada te dolió más? ¿De qué manera afectaron estas heridas tu confianza, tus sueños, tu reconocimiento, tu libido y tu amor?

3. Recorran juntos la siguiente lista. Identifica los puntos que debiera cumplir tu marido antes que puedas perdonarlo.

    - pedir perdón

    - sentir remordimiento

    - restituir

    - cambiar sus modos

    - darte tiempo para reponerte

    - volver a comprometerse con el matrimonio

    - sufrir las consecuencias

    - ponerse a bien con Dios

4. Revisa la lista y pregúntate qué cosas piensas que él querría que tú hicieras o experimentaras antes de que él te perdone por las heridas que le infligiste.

Tarea

Durante la semana que sigue, ocúpate de realizar al menos una de las acciones de la lista mencionada para que tu marido te perdone una ofensa reciente.

Capítulo 8: Estoy tan enojada que podría...

Ideas para el debate

1. Lean Efesios 4:26 y opinen sobre cómo puede la gente expresar enojo sin pecar. ¿En qué se parecen estas reacciones a las de la última vez que te enojaste con tu esposo?

2. ¿Cuándo fue la vez que más te enojaste con tu esposo? ¿Qué te hizo sentirte así? ¿Cuál fue tu reacción? ¿Cuánto tiempo estuviste enojada? ¿Qué efectos produjo en tu relación y en tu estado general?

3. ¿Cómo saben los demás que estás enojada? Comenta cuáles «signos de alerta de enojo» de la página 109 manifiestas con mayor frecuencia. ¿Qué otros síntomas tienes?

4. ¿Sacas algún beneficio del enojo en tus relaciones? ¿Te ayuda a conseguir lo que quieres o te da energías para enfrentar los problemas? ¿Cómo podrías manejar el enojo de manera diferente conservando algunos de sus beneficios?

Tarea

El enojo es con frecuencia una emoción secundaria, lo que significa que existe otra emoción subyacente. Durante la semana siguiente, presta atención a las emociones que están por debajo de tu enojo. De la lista que sigue, trata de identificar qué emoción provocó la respuesta de enojo:

Herida	Impotencia
Temor	Desilusión
Vergüenza	Culpa
Ansiedad	Desánimo

Capítulo 9: Esta dama está deprimida

Ideas para el debate

1. Según una teoría, el enojo no expresado o no reconocido puede conducir a la depresión. ¿Acumulaste o pasaste por alto tu enojo durante tanto tiempo que te has deprimido?

2. Analiza tu historial depresivo por medio de los siguientes interrogantes:

    - ¿Luchaba con la depresión alguno de tus padres?

    - ¿Cuándo fue la primera vez que recuerdas haberte sentido deprimida?

- ¿Con qué frecuencia te sentiste deprimida durante los pasados seis meses?

- Describe tu episodio de depresión más negro.

3. ¿Crees que la depresión es un tema a considerar en tu vida actual? Comenta por qué lo crees o por qué no. (Si los sentimientos depresivos son severos o prolongados, por favor, piensa en hacer una cita con tu médico de cabecera o con un consejero profesional. Si tomaste antidepresivos alguna vez, esto es indicativo de que necesitas solicitar ayuda adicional).

4. Describe los pensamientos que sueles tener acerca de tu matrimonio, de tu familia, tus amigos, tus atributos personales y de la vida en general. Comenta cómo lo que dices afecta tu forma de pensar o sentir las cosas cada día.

Tarea

Según cómo haya sido el tiempo de debate, elige una de las siguientes opciones:

1. Repasa las categorías social, actividad, diversión y salud enunciadas en las páginas 124 - 125. Realiza al menos una de las actividades de cada categoría durante la presente semana.

2. Intenta pensar en una mujer que esté deprimida. Revisa las categorías enunciadas en las páginas 124 - 125 y piensa de qué manera podrías animarla a hacer algo que le levante el ánimo.

Capítulo 10: Tipos de murallas

Ideas para el debate

1. Continúa con la tarea de la semana anterior y describe en detalle lo que hiciste y la manera en que tu esfuerzo afectó tu estado de ánimo.

2. Comenta lo que te dice el poema del comienzo del capítulo. ¿Cómo te hace sentir? ¿De qué manera se relaciona con tu matrimonio o afecta tu manera de pensar respecto de él?

3. ¿Cómo describirías tus métodos para construir murallas en tu matrimonio?

4. Repasa las cinco estrategias para desmantelar murallas que comienzan en la página 139 - 142. Propongan ideas sobre cómo puedes dar el primer paso en el desmantelamiento de cualquier muralla que hayas construido en tu matrimonio.

Tarea

Conversa con tu marido acerca de las murallas en tu matrimonio. ¿Cuán altas o gruesas son? ¿Quién las construyó y por qué? (Nota: A muchos hombres les disgusta esta clase de conversación, y tu esposo puede sentirse atrapado e incómodo si la sugieres; en especial si tu actitud es crítica o acusatoria. Asegúrate de asumir tu parte de la responsabilidad en la existencia de esas murallas).

Capítulo 11: Hablemos

Ideas para el debate

1. Comenten los resultados de la tarea asignada y en especial cómo consiguieron tú y tu marido comunicarse respecto del tema de la construcción de murallas. ¿Experimentaste barreras de expresión típicas de tu matrimonio?

2. Comenten cómo te gustaría que fuera la comunicación en tu matrimonio. Trata de ser específica.

3. Recuerda la mejor conversación que hayas mantenido con tu marido durante el último mes. ¿Qué la hizo tan buena? Si no ha habido conversaciones «buenas», ensaya cómo podrías involucrar a tu marido en una conversación. (Sé breve y evita intimidarlo).

4. Intenten identificar de manera conjunta las cuestiones más importantes de conflictos sin resolver en tu matrimonio. Piensen resoluciones potenciales para estos temas según las estrategias que se desarrollan en el cuadro de la página 156.

Tarea

Esta semana, intenta seguir el consejo de «estar listos para escuchar, y ser lentos para hablar» (Santiago 1:19). Escucha atentamente las palabras, las emociones y las preocupaciones de tu esposo; incluso presta atención a su lenguaje no verbal.

Capítulo 12: Reconexión

Ideas para el debate

1. Enumera temas y actividades que les interesen o que tú y tu marido hayan disfrutado en el pasado. (Si piensas que no tienen nada, profundiza un poco más. Por ejemplo, piensa en lo que disfrutaban de hacer juntos durante el noviazgo). Piensa y comenta lo que podrías hacer durante la semana que sigue para aportar algo en cuanto a estos intereses.

2. Menciona alguna tarea práctica que tú y tu esposo podrían hacer juntos. ¿Cómo podrías iniciar ese proyecto?

3. Como la relación sexual de una pareja tiene un profundo efecto sobre otros aspectos de la conexión de la pareja, analiza cómo te sientes en cuanto a esto en tu matrimonio. ¿Cómo crees que se siente tu esposo? (No necesitas profundizar con tu ayudante en los detalles de tu vida sexual. El propósito de esta charla es abrir la puerta para una conversación sincera y saludable con tu marido. Sin embargo, si tú o tu ayudante se sintieran incómodas con esta clase de conversación o si pareciera haber dificultades serias a este respecto, quizá sea sabio que consultes con un profesional).

Tarea

Planea una cita con tu marido y hagan algo que ambos consideren divertido. Disfrútenlo a lo grande.

Capítulo 13: Cuídate

Ideas para el debate

1. Describe cómo fue tu cita con tu esposo. ¿Qué hicieron? ¿Adónde fueron? ¿Cómo se sintieron el tiempo que pasaron juntos?

2. De las seis necesidades básicas enumeradas en las páginas 175 - 176, ¿cuáles sientes que están cubiertas en tu vida? ¿Cuáles necesitan atención? Piensen en los primeros pasos para cuidar mejor de ti en al menos una de las esferas deficientes.

3. ¿Qué responsabilidades asumiste durante el pasado año que hubieras deseado declinar? Comenta las razones por las que aceptaste incluirlas en tu agenda. Indaga si tu aceptación tuvo que ver con agradar a las personas, con una necesidad de reconocimiento, con tendencias perfeccionistas o con cierta locura por controlar.

Tarea

Prueba con el ejercicio descrito en el capítulo 12 bajo el título: «Días de afecto». Elige al menos dos días en esta semana en los que saldrás del esquema para hacer algo de la lista de lo que hace que tu esposo se sienta amado.

Capítulo 14: La fantasía de algo mejor

Ideas para el debate

1. En el capítulo 2, hablaron de los factores que influyeron tus expectativas matrimoniales. Vuelve ahora sobre el tema pero esta vez piensa en lo que en la actualidad puede estar haciendo que fantasees con algo mejor que tu matrimonio. (Algunas ideas: modelos masculinos o actores que promueven falsas expectativas, movimientos feministas que muestran al hombre bajo una luz negativa, revistas femeninas que brindan una visión estrecha de lo que es una relación perfecta, la boda de una amiga que te hace sentir envidia o una conexión emocional con otro hombre).

2. ¿Cómo estás respondiendo a tus fantasías? (Posibilidades: has hablado de eso con tus amigas, han estado pensando en eso o has hecho planes para llevarlas a cabo). ¿De qué manera te empujan a actuar estos pensamientos? Si estás pensando en tener una aventura amorosa o ya la has tenido, no dejes de comentarlo en el encuentro.

3. Comenten las cinco falacias fatales del cuadro de la página 194. Son excusas reales que puedes decirte a ti misma al involucrarte en una conducta dañina o peligrosa. ¿Qué cosas te dijiste o pensaste? ¿Cuál crees que es la más peligrosa?

4. Expresa tu opinión sobre la cita de Thomas Kinkade de las páginas 193 - 194. ¿Qué cosas sueñas hacer que podrías llevar a cabo junto a tu esposo?

Tarea

A partir de mañana comienza a escribir todos los ejemplos que se te ocurran de las maneras en que Dios te bendijo en toda tu vida. Completa la lista todos los días y llévala al encuentro siguiente.

Capítulo 15: ¿Acaso Dios no quiere que yo sea feliz?

Ideas para el debate

1. Observen juntas la «lista de bendiciones» que preparaste como tarea. Si solo has anotado unas pocas frases, piensen juntas en otras bendiciones que puedan agregar. Pueden pensar en ideas que comiencen con cada letra del abecedario.

2. ¿En qué momentos de la vida te sentiste más cerca de Dios? ¿Qué te ayudó a sentir esa cercanía? ¿Qué dificultades enfrentaste en la vida que te acercaron a Él?

3. Conversen acerca del porqué Dios se preocupa más por tu santidad que por tu felicidad. ¿Qué piensas acerca de la aplicación de esa idea a tu matrimonio?

Tarea

Medita en Gálatas 5:22-23, que nos enseña que si el Espíritu Santo controla nuestra vida, Él producirá esta clase de frutos en nosotros:

- amor
- alegría
- paz

- paciencia
- amabilidad
- bondad
- fidelidad
- humildad
- dominio propio

¿Cómo podrían estas cualidades mejorar tu matrimonio y tu vida en general?

Capítulo 16: El juego de «¿Y si...?»

Ideas para el debate

1. ¿Qué clases de «¿Y si...?» te suelen preocupar más?

2. Conversen acerca del tema de la confianza. ¿A quién le has perdido la confianza en el pasado? ¿De qué manera piensas que esas experiencias afectaron tus relaciones? ¿Qué te ayudó a recuperar la confianza? ¿Cuál sería el primer paso para recobrar la confianza en tu esposo?

3. Si ya has hecho planes preliminares para marcharte, quizá no quieras renunciar a la libertad que esperas disfrutar. ¿Cuáles serían las maneras de experimentar más libertad dentro del contexto de tu matrimonio? (Algunas ideas: Dedicarte a un pasatiempo o manualidad, salir con amigas, volver a estudiar, desarrollar una carrera o realizar voluntariado en algún lugar que sea de tu agrado).

Tarea

Conversa con tu marido acerca de algo que puedan soñar juntos con el objetivo de concretarlo dentro de los próximos doce meses. Si sus relaciones están en un punto en que no te sientes cómoda para hacer algo así, escribe una lista de los sueños que compartirías con tu esposo cuando estén preparados para ello.

Capítulo 17: Sueña nuevos sueños

Ideas para el debate

1. Luego de haberse reunido durante varias semanas, es probable que hayan construido una relación positiva, y haber permanecido fiel a los encuentros es un hito importante en tu vida. Busca la manera de hacer que este momento sea divertido: disfruten de un refresco, salgan a almorzar, hagan una caminata juntos o intercambien presentes.

2. Comenten cuáles han sido los momentos destacados de los encuentros. ¿Cuáles fueron los encuentros más positivos, más impactantes y más transformadores?

3. Si tú y tu esposo decidieron renovar sus votos matrimoniales, ¿cuáles son algunas de las maneras en que podrían hacer que ese evento fuera memorable y significativo? Piensen en algunas ideas acerca del lugar, los invitados, el contenido, etc.

4. Comenten las diez cosas para volver a comprometerse que comienzan en la página 226 - 227. ¿Cuáles te atemorizan? ¿Cuáles te entusiasman y te parecen emocionantes? (¡Quizá sean las mismas!) ¿Con qué asuntos lucha tu marido? ¿Cuáles crees que lo entusiasmarían más?

5. Decidan si seguirán o no reuniéndose con regularidad o en forma ocasional. Si no lo van a hacer, repasen juntas lo

que necesitarás seguir haciendo para ayudarte a ti misma y a tu matrimonio.

Tarea

Siéntate con tu diario o una hoja de papel y analiza dónde te hallas en este momento en cuanto a tu compromiso matrimonial. Confecciona una lista de tres pasos específicos que podrías dar durante el mes que sigue para avanzar en el mejoramiento de esas relaciones en vez de considerar marcharte. De ser posible, comienza a planificar la renovación de tus votos matrimoniales.

Lecturas recomendadas

Para mayor información

Los libros mencionados cubren una amplia gama de temas como comunicación, intimidad, superación de momentos difíciles, redescubrimiento del amor y respuestas a las preguntas complicadas. Todos contienen ideas convincentes que no solo harán que tu matrimonio sobreviva sino que también vuelva a ser maravilloso.

Arp, David y Claudia Arp. *10 Great Dates to Revitalize Your Marriage*. Grand Rapids, MI: Zondervan, 1997.

Bolton, Martha. *Still the One: Keeping the Love, Keeping the Laughter*. Grand Rapids, MI: Revell, 2001.

Chapman, Gary. *The Five Love Languages: How to Express Heartfelt Commitment to Your Mate.* Chicago, IL: Northfield, 1992, 1995.

Clarke, David. *A Marriage After God's Own Heart*. Sisters, OR: Multnomah, 2001.

Cobb, Nancy, and Connie Grigsby. *How to Get Your Husband to Talk to You.* Sisters, OR: Multnomah, 2001.

Dobson, James. *Love Must Be Tough: New Hope for Marriages in Crisis.* Sisters, OR: Multnomah, 2004.

Dobson, James y Shirley Dobson. *Una luz en la noche: Lecturas devocionales para matrimonios*. Editorial Unilit, Miami Fl, 2003.

Farrel, Bill y Pam Farrel. *Men Are Like Waffles, Women Are Like Spaghetti*. Eugene, OR: Harvest House, 2001.

Gottman, John. *Why Marriages Succeed or Fail: And How You Can Make Yours Last*. New York: Simon & Schuster, 1994.

Graham, Ruth Bell. *Never Let It End: Poems of a Lifelong Love*. Grand Rapids, MI: Baker, 2001.

Gray, Alice, Steve Stephens y John Van Diest. *Lists to Live By for Every Married Couple*. Sisters, OR: Multnomah, 2001.

Harley, Willard F. (h.) *His Needs, Her Needs: Building an Affair-Proof Marriage*. Tarrytown, NY: Revell, 1986.

Harley, Willard F. (h.) y Jennifer Harley Chalmers. *Surviving an Affair*. Grand Rapids, MI: Revell, 1998.

Janssen, Al. *The Marriage Masterpiece: A Bold New Vision for Your Marriage*. Wheaton, IL: Tyndale, 2001.

Kalmbach, Deb y Heather Kopp. *Because I Said Forever: Embracing Hope in a Not-So-Perfect Marriage*. Sisters, OR: Multnomah, 2001.

Lynch, Chuck. *You Can Work It Out: The Power of Personal Responsibility in Restoring Relationships*. Nashville, TN: Word, 1999.

McGinnis, Alan Loy. *The Friendship Factor: How to Get Closer to the People You Care For*. Minneapolis, MN: Augsburg Fortress, 1979.

Parrott, Les y Leslie Parrott. *The Love List: Eight Little Things That Make a Big Difference in Your Marriage*. Grand Rapids, MI: Zondervan, 2002.

Parrott, Les y Leslie Parrott. *When Bad Things Happen to Good Marriages: How to Stay Together When Life Pulls You Apart*. Grand Rapids, MI: Zondervan, 2001.

Rainey, Dennis. *Lonely Husbands, Lonely Wives: Rekindling Intimacy in Every Marriage.* Dallas, TX: Word, 1989.

Rosberg, Gary y Barbara Rosberg. *Divorce Proof Your Marriage.* Wheaton, IL: Tyndale, 2002.

Smalley, Gary con John Trent. *Love Is a Decision.* New York: Pocket Books, 1989.

Smith, Debra White. *Romancing Your Husband: Enjoying a Passionate Life Together.* Eugene, OR: Harvest House, 2002.

Stephens, Steve. *20 Surprisingly Simple Rules and Tools for a Great Marriage.* Wheaton, IL: Tyndale, 2003.

TerKeurst, Lysa. *Capture His Heart: Becoming the Godly Wife Your Husband Desires.* Chicago, IL: Moody, 2002.

Thomas, Gary. *Sacred Marriage: What If God Designed Marriage to Make Us Holy More That to Make Us Happy?* Grand Rapids, MI: Zondervan, 2002.

Waite, Linda J. y Maggie Gallagher. *The Case for Marriage: Why Married People Are Happier, Healthier, and Better Off Financially.* New York: Doubleday, 2000.

Wheat, Ed. *Love Life for Every Married Couple: How to Fall in Love, Stay in Love, Rekindle Your Love.* Grand Rapids, MI: Zondervan, 1980.

Promesas y oración

Las promesas bíblicas y la oración son esenciales para atravesar los momentos difíciles. Existen tantos materiales maravillosos disponibles de las editoriales cristianas que fue prácticamente imposible seleccionar unos cuantos. Aquí enumeramos algunos de nuestros preferidos que son significativos cuando tu matrimonio está en crisis.

Arthur, Kay. *Lord, Teach Me to Pray in 28 Days.* Eugene, OR: Harvest House, 1982.

Barnes, Bob y Emilie Barnes. *Minute Meditations on Prayer.* Eugene, OR: Harvest House, 2003.

Brownlow, LeRoy. *A Psalm in My Heart.* Forth Worth, TX: Brownlow, 1989.

Cymbala, Jim. *Breakthrough Prayer: The Secret of Receiving What You Need from God.* Grand Rapids, MI: Zondervan, 2003.

Fuller, Cheri. *When Couples Pray: The Little-Known Secret to Lifelong Happiness in Marriage.* Sisters, OR: Multnomah, 2001.

Gibbs, Terri, recopilado. *God's Promises Day by Day.* Nashville, TN: Countryman, 2003.

Gothard, Bill. *The Power of Crying Out: When Prayer Becomes Mighty.* Sisters, OR: Multnomah, 2002.

Kopp, Heather. *God's Little Book of Guarantees for Marriage.* Sisters, OR: Multnomah, 2002.

Myers, Ruth. *31 Days of Praise: Enjoying God Anew.* Sisters, OR: Multnomah, 1994.

Omartian, Stormie. *El poder de la esposa que ora.* Editorial Unilit, Miami Fl, 2001.

Wales, Susan con Holly Halverson. *Standing on the Promises: A Woman's Guide for Surviving the Storms of Life.* Sisters, OR: Multnomah Publishers, 2001.

Notas

Prólogo: Manteles de lino a la luz de las velas

1. Ruth Bell Graham, *Never Let In End: Poems of a Lifelong Love* (Grand Rapids, MI: Baker, 2001), 33.

Capítulo 1: ¿Qué sucede?

1. Ruth Harms Calkin, *Love Is So Much More, Lord: A Celebration of Marriage* (Cook, 1979).
2. Isaías 61:1-3, RVR95
3. A veces es difícil hallar un buen consejero en el lugar de residencia o quizá no puedes afrontar el gasto. En ese caso, trata de conseguir un consejero laico preparado o busca casetes de audio o vídeo sobre el tema. La lista de lecturas recomendadas de este libro podrá orientarte en ese sentido. Además, *Focus on the Family* [Enfoque a la Familia] en Colorado Springs, Colorado (1-800-AFAMILY), ofrece un servicio de derivación así como materiales impresos, de audio o vídeo.

Capítulo 2: Sueños perdidos

1. Citado en la nota de Tim Gardner, «Great Expectations», *Marriage Partnership* 15, nro. 1 (primavera 1998): 46.
2. Efesios 5:25
3. Ruth Bell Graham, *Never Let It End: Poems of a Lifelong Love* (Grand Rapids, MI: Baker, 2001), 7.
4. Citado en el libro de Les Parrott y Leslie Parrott, *When Bad Things Happen to Good Marriages: How to Stay Together When Life Pulls You Apart* (Grand Rapids, MI: Zondervan, 2001), 33.

Capítulo 3: Él no lo entiende

1. Nancy Cobb y Connie Grigsby, *How to Get Your Husband to Talk to You* (Sisters, OR: Multnomah, 2001), 159.

Capítulo 4: ¿Qué pasó con los buenos tiempos?

1. Thomas Kinkade y Nanette Kinkade, *The Many Loves of Marriage* (Sisters, OR: Multnomah, 2002), 103.

2. Mateo 12:34, LBLA

3. Adaptado del artículo de Linda S. Mintle, «Marriage Myths» *Christianity Today* 23, Nro. 6 (Nov./Dic. 2001): 2001. Artículo basado en el libro de Linda S. Mintle, *Divorce Proofing Your Marriage: 10 Lies That Lead to Divorce and 10 Truths That Will Stop It* (Lake Mary, FL: Siloam, 2001).

4. Phillip C. McGraw, *Relationship Rescue* (New York: Hyperion, 2000), 194.

Capítulo 5: Cuidemos el tanteador

1. Willard F. Harley (h.), *His Needs, Her Needs: Building an Affair-Proof Marriage* (Tarrytown, NY: Revell, 1986), 16.

2. Condensado del libro de Alice Gray, Steve Stephens y John Van Diest, recopilado. *Lists to Live By for Every Married Couple* (Sisters, OR: Multnomah, 2001), 110.

3. Proverbios 11:27.

Capítulo 6: Lo negativo del divorcio

1. Linda J. Waite y Maggie Gallagher, *The Case for Marriage: Why Married People are Happier, Healthier y Better Off Financially* (New York: Doubleday, 2001), citado en Jim Killam, «The Case for Marriage», *Marriage Partnership* 18, Nro. 1 (primavera 2001): 38.

2. Ibíd., 38.

3. Alice Gray, Steve Stephens y John Van Diest, recopilado, *Lists to Live By for Every Married Couple* (Sisters, OR: Multnomah, 2001), 69.

4. Patrick F. Fagen y Robert E. Rector, «The Effects of Divorce on America», *Backgrounder* #1373 (Washington, DC: The Heritage Foundation), 5 de junio de 2000.

5. David Popenoe, «Debunking the Divorce Myths», *El proyecto matrimonial nacional de la universidad de Rutgers*, página de Internet de Discovery Health Channel, 2002, http://health.discovery.com/centers/loverelationships/articles/divorce.html (consultado el 23 de febrero de 2004).

6. *Woman's Day*, 5 de agosto de 2003, 156.

7. Gary Chapman, *Los cinco lenguajes del amor*, Editorial Unilit, Miami Fl, 1996, 144.

8. Malaquías 2:16.

9. Eclesiastés 3:11.

10. Proverbios 13:22.

Capítulo 7: Es tan doloroso...

1. Judy Gordon, citado en el libro de Alice Gray, recopilado, *A Gift of Comfort for a Hurting Heart* (Sisters, OR: Multnomah, 2002), 61.

2. Salmo 55:4,6-8.

3. James Dobson y Shirley Dobson, *Una luz en la noche: Lecturas devocionales para matrimonios*. Editorial Unilit, Miami Fl, 2003, 275.

4. Efesios 4:32, LBLA.

5. Condensado del capítulo 13 del libro de Steve Stephens y Alice Gray, *Worn Out Woman: When Your Life Is Full and Your Spirit Is Empty* (Sisters, OR: Multnomah, 2004), 155-164.

Capítulo 8: Estoy tan enojada que podría...

1. Gary Smalley con John Trent, *Love Is a Decision* (New York: Pocket Books, 1989), 90.

2. Algunas de las ideas de esta lista son del libro de Nicole Johnson, *Fresh-Brewed Life* (Nashville: Thomas Nelson, 1999), 107.

3. Efesios 4:26-27, LBLA.

4. John Gottman, *Why Marriages Succeed or Fail* (New York: Simon & Schuster), 72-97.

5. Johnson, *Fresh-Brewed Life*, 98.

6. Proverbios 15:1.

7. Adaptado del libro de Smalley con Trent, *Love Is a Decision*, 92-93.

8. Consejo al lector en *Woman's Day*, 1 de septiembre de 2003, 16.

Capítulo 9: Esta dama está deprimida

1. Cheryl K. Ewings, «When Depression Hits Home», *Today's Christian Woman* 21, Nro. 6 (Noviembre/Diciembre 1999): 90.

2. Romanos 5:3-4.

3. Lucas 11:25-26.

4. Filipenses 4:8, RVR95.

5. Números 6:24-26.

Capítulo 10: Tipos de murallas

1. Richard A. McGray, «Walls», © 1998. Usado con permiso.

2. Seleccionado del libro de Steve Stephens, *Marriage: Experience the Best* (Gresham, OR: Vision House, 1995).

3. Salmo 46:1-3.

4. Al Gray y Alice Gray, recopilado, *Stories for a Man's Heart* (Sisters, OR: Multnomah, 1999), 63. Esta leyenda alemana, arraigada en la historia, fue escrita por primera vez por los Hermanos Grimm. La encontramos en una columna de un periódico llamada «Insights», escrita por Rochelle M. Pennington de Campbellsport, Wisconsin.

Capítulo 11: Hablemos

1. Willard F. Harley (h.), *His Needs, Her Needs: Building an Affair-Proof Marriage* (Tarrytown, NY: Revell, 1986), 10.

2. La columna de Ann Landers citada en Ed Wheat, *Love Life for Every Married Couple* (Grand Rapids, MI: Zondervan, 1980), 106.

3. Thomas Kinkade y Nanette Kinkade, *The Many Loves of Marriage* (Sisters, OR: Multnomah, 2002), 100.

4. Efesios 4:29.

5. Lista adaptada del libro de Steve Stephens, *Marriage: Experience the Best* (Gresham, OR: Vision House, 1995), 93-121.

6. Charles M. Sell, *Achieving the Impossible: Intimate Marriage* (Portland, OR: Multnomah, 1982), 66.

7. Steve Stephens, *20 Surprisingly Simple Rules and Tools for a Great Marriage* (Wheaton, IL: Tyndale, 2003), 69-70.

8. Ibíd., 70.

Capítulo 12: Reconexión

1. Condensado y adaptado de una historia originalmente escrita por Daphna Renan, hallada en el libro de James Dobson y Shirley Dobson, *Una luz en la noche: Lecturas devocionales para matrimonios*. Editorial Unilit, Miami Fl, 2003, 106-107.

2. Willard F. Harley (h.), *His Needs, Her Needs: Building an Affair-Proof Marriage* (Tarrytown, NY: Revell, 1986), 78-83.

3. Lysa TerKeurst, *Capture Her Heart: Becoming the Godly Husband Your Wife Desires* (Chicago: Moody, 2002), 114.

4. Ibíd., 59.

5. Idea adaptada de un ejercicio originalmente desarrollado por Richard B. Stuart en su libro *Helping Couples Change: A Social Learning Approach to Marital Therapy* (New York: Guilford Press, 1980), 197-207.

6. La idea de los frascos fue adaptada del libro de TerKeust, *Capture His Heart*, 78-79.

Capítulo 13: Cuídate

1. Isaías 40:11.

2. Seleccionado del libro de Kim Thomas, *Even God Rested* (Eugene, OR: Harvest House, 2003), 99-100.

3. Consejo al lector en *Woman's Day*, 7 de octubre de 2003, 15.

Capítulo 14: La fantasía de algo mejor

1. Thomas Kinkade y Nanette Kinkade, *The Many Loves of Marriage* (Sisters, OR: Multnomah, 2002), 61.
2. Citado en Cindy Crosby, «Why Affairs Happen», *Marriage Partnership* 18, Nro. 1 (primavera 2001): 30.
3. Kinkade y Kinkade, *The Many Loves of Marriage*, 58-59.
4. Robert Jeffress, *The Solomon Secrets* (Colorado Springs: Waterbrook, 2002), 107-117.
5. Mateo 5:27-28.
6. Dennis Rainey, *Lonely Husbands, Lonely Wives* (Dallas: Word, 1989), 83.
7. Adaptado de Willard Harley (h.) y Jennifer Harley Chalmers, *Surviving an Affair* (Grand Rapids, MI: Revell, 1998).

Capítulo 15: ¿Acaso Dios no quiere que yo sea feliz?

1. Salmo 16:11, énfasis añadido.
2. Jeremías 31:3.
3. Juan 16:33.
4. Filipenses 4:7.
5. Anne Graham Lotz, *Just Give Me Jesus* (Nashville: Word, 2000), 200.
6. Gary Thomas, *Sacred Marriage* (Grand Rapids, MI: Zondervan, 2000), contratapa.

Capítulo 16: El juego de «¿Y si...?»

1. Seleccionado del artículo de Lewis B. Smedes, «Forgiveness- The Power to Change the Past», *Christianity Today*, 7 de enero de 1983. http://www.christianitytoday.com/ct/2002/149/55.0.html (consultado el 8 de marzo de 2004).
2. Efesios 4:32.
3. Jeremías 29:11.
4. Condensado del libro de Martha Bolton, *Still the One* (Grand Rapids, MI: Revell, 2001).
5. Gary Chapman, *Los cinco lenguajes del amor*, Editorial Unilit, Miami Fl, 1996, 129.

Capítulo 17: Sueña nuevos sueños

1. Karla Downing, *10 Lifesaving Principles for Women in Difficult Marriages* (Kansas City, MO: Beacon Hill, 2003), 156.

2. Gary Rosberg y Barbara Rosberg, *Serving Love* (Wheaton, IL: Tyndale, 2003), 18.

3. Filipenses 4:13.

4. Seleccionado del libro de Alice Gray, recopilado, *Stories for the Romantic Heart* (Sisters, OR: Multnomah, 2002), 41-42.

Codo a codo: Una guía para realizar encuentros

1. Citado en el libro de Don Baker y Emery Nester, *Depression: Finding Hope and Meaning in Life's Darkest Shadow* (Portland, OR: Multnomah, 1983), 37.